Complete Catalogue
of Problem-solving Methods

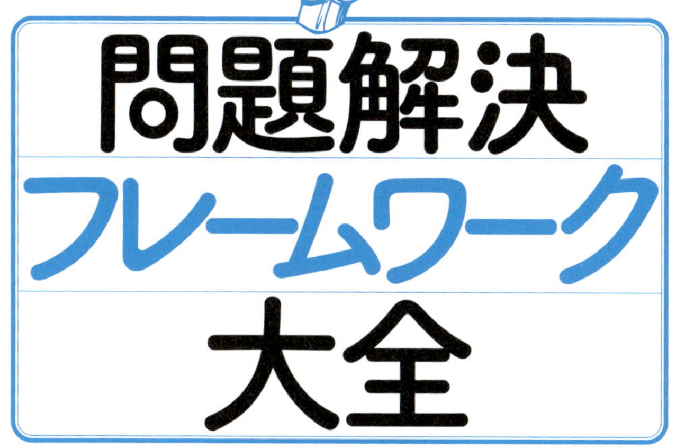

Kimitoshi Hori
堀 公俊

日本経済新聞出版社

はじめに

勘と経験に頼っていませんか？

私たちの日常は問題解決の繰り返しです。仕事上の問題、家庭が抱える問題、人間関係で起こる問題、将来の進路の問題…。数え上げればキリがなく、その上手下手が人生を左右するといっても過言ではありません。

人には誰しも「○○したい」という欲求があります。「もっと○○でありたい」という目標や、「○○だったらいいな」という希望もあります。それらを実現しようと思った途端に問題が現れて、解決を私たちに求めてきます。

にもかかわらず、多くの方は問題解決の方法をあまりよく知りません。大抵の人は勘や経験で問題を解決しようとします。「疲れたときは、早く寝るに限る」といったように。

それで解決できる問題もたくさんあり、あながち悪くないやり方です。しかしながら、私たちの人生は、次々と現れる初めての問題をいかに解決するかが本当の勝負。人生の先輩にとってはありふれた問題であっても、当人にとっては常に未知の問題です。勘や経験が働かないからこそ問題であり、それで解決できるなら苦労はしません。

だからといって、「こういうときはどうしたらよいですか？」と経験豊富な人に頼ってしまうのも考えものです。解決を他人に任せてしまったのでは、自分らしく生きることにつながりません。自分で問題を解決して、経験を積み重ねて成熟していくことが人生です。その力強い味方となるのが問題解決の手法というわけです。

ハンマーしかないと、すべてが釘に見える

問題解決については、学者、コンサルタント、セラピストなど古今東西いろんな人がさまざまなやり方を提案しています。個々にみればどれも素晴ら

しく、先人たちの智恵と努力に本当に頭が下がります。

ところが、それぞれ一長一短があり、すべてに通用する決定版はありません。医者のたとえで言えば、内科には内科、外科には外科の治し方があり、内科と外科のどちらで治療をするかは患者や病気によります。要は健康になりさえすればよく、問題に応じて最適なチョイスをするしかありません。

問題解決技法を学んだことのある人でも、大抵は自分が得意な限られたやり方しか知りません。それでは、欲求階層説で知られる心理学者A.マズローが言う「ハンマーしかないと、すべてが釘に見える」（I suppose it is tempting, if the only tool you have is a hammer, to treat everything as if it were a nail.）に陥ってしまいます。

それを防ぐには、あらゆる手法に対応できる“総合病院”や、一目で最適な治療法を判断してくれる“総合診療医（ドクターG）”が不可欠となります。それが本書『問題解決フレームワーク大全』に他なりません。

７つのアプローチを使い分けよう

その手がかりとして、今まで提案されてきた問題解決の手法を調べ上げ、２つの軸で整理してみました。ひとつは、問題を引き起こす個々の「要因」に着目するのか、要因同士の「関わり」（システム）に着目するのかの違いです。もうひとつは、解決策を「論理的」に導き出すのか、「創造的」に生み出すのかの違いです。

この視点で、100種類以上の手法をマッピングしたところ、７つのアプローチに大別できました。これが本書の元になるフレームワークです。

これらは、「なぜ問題が解決できないのか？」という問いに対する答えの違いから生まれています。言い換えると、問題をどう定義するかというモデルの違いが解決手法の違いになっているのです。

①問題を生む**原因**が分からない　→ギャップ・アプローチ
②解決する**アイデア**が思いつかない　→創造的アプローチ
③最適な代替案を**選択**していない　→合理的決定アプローチ

④解決策があっても**やる気**にならない　→ポジティブ・アプローチ
⑤**ジレンマ**のせいで解決できない　→対立解消アプローチ
⑥問題の**設定**が適切ではない　→認知転換アプローチ
⑦解決策が**合意**できない　→ホールシステム・アプローチ

これらは、いずれも仮説（モデル）であり、そう考えると考えやすくなるという一種の方便です。解決に役立てばどれでも構いません。

世の中にいついかなる場合でもうまくいく方法はありません。目的や状況に応じて使い分けるべきものです。ひとつのやり方にとらわれていると、状況の変化についてこられなくなり、いつか必ず失敗をします。

うまくいかなければ、別のやり方に変えてみる。駄目ならまた新しい方法を試してみる。それを繰り返しながら最適な方法を見つけるしか、難問や悩みに対処する手はないのです。

問題解決のプロフェッショナルを目指そう！

本書は、問題解決技法のカタログとして、常に机の上に置いて参照するのに使いやすいように構成されています。最初から読む必要はありませんので、

図0-1　問題解決の7つのアプローチ

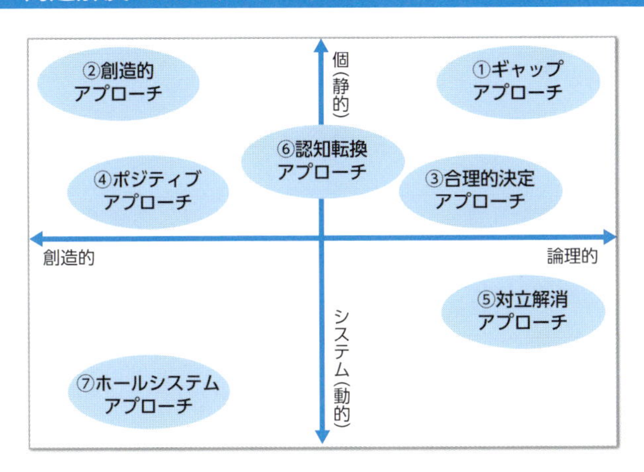

興味のあるところからつまみ食いをしてください。説明に矛盾があったとしたら、手法によって前提が違うためだとご理解ください。

アプローチが7つもあると、どんなときにどれを使ってよいか分からなくなるかもしれません。そういう方のために、第8章に大まかな使い分けが書いてあります。

加えて、それぞれの手法を用いたときに、どんな解決策が生まれてくるかが比較できるようにしてあります。それらを参考にして、各アプローチが持つ特性をご理解ください。全体像を早くつかみたい方は、第8章から先に読むのもひとつの手です。

その上で、今まで無手勝流で問題解決をやってきた方は、一通り目を通して、問題解決にはしっかりとした方法論があることをまずはご理解ください。さらに、自分に合うものを見つけて、一度試してみましょう。きっと、手法を活用することの素晴らしさが実感できると思います。

おそらく、リーダーやマネジャークラスの方なら、ある程度はこれらの手法をご存じだと思います。とはいえ、偏りがあると思い、まだ試していないものを見つけ出して、実践してみてはいかがでしょうか。うまくすれば、なかなか解決できなかった問題の解決を一歩前進させる糸口が見つかるはずです。

コンサルタントやファシリテーターといった問題解決のプロフェッショナルの方は、最適な診断と治療ができるよう、7つのアプローチ全部を使い分けられるようになっておきたいものです。そのためには、各手法で挙げている参考文献も参照して、その本質を理解することをお勧めします。その上で、自分オリジナルの手法をつくり出すために本書をご活用ください。

いま個人も組織も社会も、かつてないほどたくさんの複雑な問題を抱えて四苦八苦しています。そんな中で、共に力を合わせて少しでも解決へと一歩踏み出していかなければなりません。本書がその一助となれば幸いです。

2015年8月

堀　公俊

contents

問題解決フレームワーク大全

目次

はじめに　003

ギャップ・アプローチ
真の原因を見つけ出す

事例1　終わりの見えないモグラ叩き　016

1　ロジックツリー……要因をしらみつぶしに洗い出す　020

2　親和図法……隠れた共通項を見つけ出す　024

3　プロセスマッピング……無駄と足かせを発見する　028

4　因果関係分析……本当の原因を見つけ出す　032

5　リフレクション……同じ過ちを繰り返さない　036

6　ベンチマーキング……ベストプラクティスから学ぶ　040

第2章

創造的アプローチ
斬新なアイデアを生み出す

事例2　君、若いんだから、何かないのかね?　046

7 自由連想……発想の輪をどんどん広げる 050
8 アイデア展開……細かく分けてひねりを加える 054
9 結合発想……異なる要素を組み合わせる 058
10 類比発想……他からヒントを得る 062
11 ブレークスルー思考……思考の壁を打ち破る 066
12 デザイン思考……イノベーティブな発想を生む 070

第3章

合理的決定アプローチ

最適な解決策を選び取る

事例3 なぜ、いつも貧乏くじを引いてしまうのか? 076

13 プロコン……物事を相反する面から考える 080
14 ハイ・ロー・マトリクス……効率の良いアイデアを選ぶ 084
15 意思決定マトリクス……もっとも合理的な選択肢を探す 088
16 ディシジョンツリー……期待される結果で判断する 092

第4章

ポジティブ・アプローチ

目標の達成に歩を進める

事例4　次々と集中砲火を浴びる営業会議 098

17 ソリューション・フォーカス……解決に焦点を当てる 102

18 GROWモデル……目標に向けて行動を起こす 106

19 行動分析学アプローチ……反応を使って方向づけする 110

20 アドラー心理学……目的を正して主体的に行動する 114

21 PD（ポジティブ・デビアンス）……身近な例外から学ぶ 118

22 AI（アプリシエイティブ・インクワイアリー）……強みを結集させる 122

第5章

対立解消アプローチ

ジレンマから抜け出す

事例5　あちらを立てれば、こちらが立たず 128

23 協調的交渉術……ウィン・ウインの解決策を考える 132

24 制約理論(TOC)……二項対立の罠から抜け出す 136
25 信念対立解明アプローチ……価値観の違いを乗り越える 140
26 システムシンキング……悪循環の構造を打破する 144
27 免疫マップ……自己防衛本能に打ち勝つ 148

第6章

認知転換アプローチ

問題のとらえ方を換える

事例6 私の何がいけなかったの?! 154

28 仮説思考……本質的な問題を解決する 158
29 質問会議……本当の問題を見つけ出す 162
30 ナラティヴ・アプローチ……代わりの物語を紡ぎ出す 166
31 ジョハリの窓……互いの認知を理解する 170
32 ABC理論……非合理的な信念を打ち砕く 174

第7章

ホールシステム・アプローチ

智恵の創発を生み出す

事例7　お前ら、会社をつぶす気か！　180

33　ワールドカフェ……アイデアの他花受粉を促す　184

34　OST（オープンスペース・テクノロジー）……問題解決に主体的に取り組む　188

35　フューチャーサーチ……利害を超えて未来を描く　192

36　ワールドワーク……紛争を解決し変革を目指す　196

37　U理論……出現する未来を創造する　200

第8章

実践！ 7つのアプローチ

問題解決を実践してみよう！　206

事例8　この話、どうアプローチすべきなの？　208

1　「ギャップ・アプローチ」で根元を断つ　209

2 「創造的アプローチ」でユニークな解決を目指す 209

3 「合理的決定アプローチ」でベストな答えを探す 210

4 「ポジティブ・アプローチ」でやる気を高める 210

5 「対立解消アプローチ」でジレンマから抜け出す 211

6 「認知転換アプローチ」で悩みを解消する 212

7 「ホールシステム・アプローチ」で一枚岩になる! 212

おわりに 214

索引 217

装幀・本文デザイン　竹内雄二
DTP　リリーフ・システムズ

第1章

ギャップ・アプローチ
真の原因を見つけ出す

1　ロジックツリー……要因をしらみつぶしに洗い出す

2　親和図法……隠れた共通項を見つけ出す

3　プロセスマッピング……無駄と足かせを発見する

4　因果関係分析……本当の原因を見つけ出す

5　リフレクション……同じ過ちを繰り返さない

6　ベンチマーキング……ベストプラクティスから学ぶ

事例1
終わりの見えないモグラ叩き

「またか。この間、対策をしたばかりじゃないか！」

納品先で品質トラブルが起こったという一報を受けたＡ氏は、信じられない思いで部下の報告を聞いていました。

Ａ氏が勤める中堅の食品会社では、都内のスーパーや小売店に幅広く商品を納めています。創業以来30年、お客様の声を聞きながら地道に商品を改良し、着実に支持を伸ばしてきました。ところが、培ってきた信頼が揺るぎかねない事件が立て続けに起こっているのです。

きっかけは消費者からの１件のクレームでした。この会社の商品を買って帰ってよく見たところ、消費期限が切れていたというのです。数年前にも似たような案件が発生したことを覚えていたＡ氏は、すぐに顧客にお詫びの電話を入れました。あわせて、店頭での管理の徹底を指導するように、小売店の担当セールスに指示もしました。

それから３カ月すると、また「消費期限切れの商品を買った」という顧客から電話がかかってきました。しかも、今度は、商品管理の厳しい大手スーパーで買ったというのです。

不思議に思ったＡ氏が、流通経路を丹念に追っかけたところ、提携先の工場から消費期限切れで出荷されたことが分かりました。検査担当者のチェックがいい加減だったのが直接の原因でした。

二度とこのようなことが起こらないよう、検査体制の見直しをしてもらうことになり、一息ついたところで今日のクレームです。しかも、今回は「妙な匂いがする」というのです。

あわてて該当する商品を回収してみると、明らかに腐っていました。そうなってくると、生産ラインそのものにも問題があることになります。そもそもなぜ、こんな不良商品ができてしまうのか。原材料の仕入れや管理に問題があるのか、それとも製造工程に問題があるのか…。

もっと言えば、なぜ最近このような品質事故が頻発しているのか。どこか会社の歯車が狂い始めているのではないか。大きくて深い闇を覗き込んだような気がしたＡ氏は、思わず身震いがしたのでした。

問題とは、理想と現実のギャップである

「消費期限切れの商品が出回っている」というのは単なる事実であって、問題ではありません。「消費期限切れの商品を出荷してはいけない」という目標や理想を掲げたときに、事実が問題になります。

実際に、消費期限切れの商品の販売は日本では大問題になりますが、一部の発展途上国では日常茶飯事であり、さほど問題になりません。何が問題かは、事実だけでは決められないのです。

いま私たちは、現実の社会で生きています。ところが、多くの人は現状で満足せず、「○○すべきだ」「○○になりたい」といった目標や理想を掲げます。人は少なからず向上心を持っているからです。

そうすると、必ず現実（As Is）と理想（To Be）との差が生まれます。これこそが問題です。普通は、現実を理想に近づけようとします。これが、問題解決で一番ポピュラーな**ギャップ・アプローチ**の考え方です。問題とは理想と現実のギャップであると考えるのです。

となると、消費期限切れの商品の出荷のような、"困ったこと"だけが問題とはなりません。たとえば、資産10億円を持っている人でも、「資産を1000億円にしたい」と願うなら、そこにお金の問題が発生します。ネガティブなことだろうがポジティブなことだろうが、ギャップはすべて問題と考えるのです。

よく前者を問題、後者を課題と呼び分ける人がいますが、それは間違いです。すべて問題（Problem）であって、課題（Task）とは問題解決のためになすべきことを意味します。

問題は解決すべきものですが、課題は達成や遂行すべきものです。

図1-1　問題とは

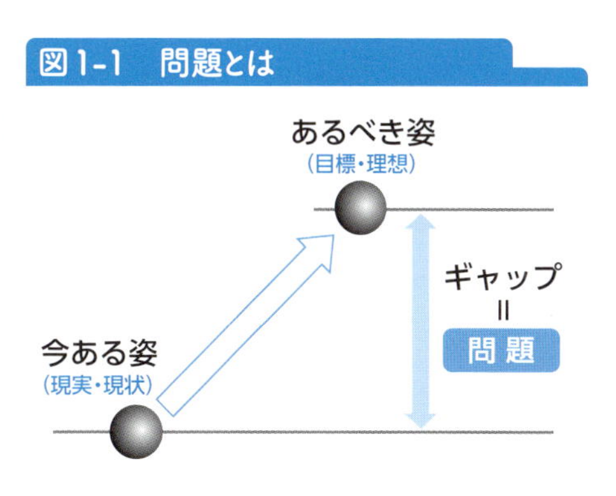

▢物事を因果関係でとらえていく

では、ギャップ・アプローチでは、どうやって問題解決を図ろうとするのでしょうか。そこで役立つのが、人間が持つ素晴らしい特性です。

私たちは、うまくいったときも、うまくいかなかったときも、「なぜ？」（Why）と考える習性を持っています。人間は意味を求める動物であり、物事の原因、根拠、理由を探りたくなるのです。そのほうが効率的だからです。

たとえば、太古の昔、人間が狩猟採集で暮らしていた時代を思い浮かべてみてください。ある日、偶然に大きな獲物を仕留めたとしましょう。それを単に「ラッキーだった」と考える人よりも、「なぜ？」と原因を考える人のほうが、再び獲物を得るチャンスが広がります。結果的に生き延びる確率が高くなります。そうやって進化してきたのが、私たち人間なのです。

原因と結果、根拠と結論、理由と主張など、物事を因果関係（筋道）でとらえることを「論理的」と呼びます。論理的に考えることは、効率的に問題を解決するために欠かせません。

それも１回だけ「なぜ？」と考えるよりも、何度も「なぜ？」を繰り返したほうが、本質的な原因を見つけ出すことにつながります。いわゆるトヨタ流の「なぜを５回繰り返せ」（5-Whys）です。深くなぜを問えば問うほど本質的な解決策に近づき、同じ過ちを繰り返しにくくなります。

つまり問題が解決しないのは、原因が見つからなかったり、取り除けなかったりするからです。これがギャップ・アプローチの基本前提となります。

▢問題解決の４つのステップを身につけよう

ギャップ・アプローチが合うのは、冒頭の事例のように、因果関係でとらえられる問題です。逆に言えば、人間関係の問題のように、単純な因果関係が見出しにくく、感情が絡む問題にはあまり向きません。

特長としては、効率的に問題解決が進められるのが何より有難いです。根本的な解決策が導けるため、同じような問題が起きにくくなります。考え方の筋道がハッキリしているため、他人の理解が得られやすいのも利点です。

通常は、次の４つのステップに従って問題解決を進めていきます。

1）問題の特定

事実を集めて現状を明らかにし、さらに目標となる姿を描いて問題を定義します。チームで問題解決する際には、後者のすり合わせが重要です。現実主義者と理想主義者で目標のレベル感が異なり、そのために問題の大きさが変わってくるからです。

2）問題の分析

ギャップ・アプローチで一番重要なステップです。ここで真の原因が分からないと前に進めません。いい加減な分析だと、行き当たりばったりの対症療法を繰り返すことになります。「なぜ？」を何度も繰り返して、本質的な原因を見つけ出しましょう。その手助けとなる手法やツールをこれから紹介していきます。

3）解決策の立案

真の原因に対してどんな手が打てるかを考えます。とりあえずは効果や実現性を考えずアイデアを発散させます。必要であれば**創造的アプローチ**（➡P045）も活用するとうまくいきます。

4）解決策の決定

たくさん出した解決策の中からもっとも効果的なものを選び出し、アクションプランをつくります。**合理的決定アプローチ**（➡P075）も活用できます。

図1-2　ギャップ・アプローチの進め方

Step 1	Step 2	Step 3	Step 4
問題の特定	**問題の分析**	**解決策の立案**	**解決策の決定**
・現実の特定 ・目標の設定	・原因の探索 ・原因の絞り込み	・アイデア創造 ・整理／絞り込み	・評価／決定 ・実行計画

No. 1

ロジックツリー

……要因をしらみつぶしに洗い出す

問題の本質的な要因を探求したり、
最善の解決策を導き出すときに、
考えられる選択肢をヌケモレなく洗い出し、
その中から最良のものを選ぶようにすると、
合理的に問題解決が進められます。

□基本的な進め方

ギャップ・アプローチでもっとも大切なのは、問題の本質的な要因を探し出すところです。ここで要因を見誤ったら、あとの作業がすべて無駄になってしまいます。

正しく要因を特定するには、思いついたものに飛びついてはいけません（コラム１参照➡P044）。候補となる要因をすべて挙げ、その中からもっとも重要なものを選ばないといけません。そのときに役立つのが**ロジックツリー**です。

Step 1 問題を定義する

まずは問題を定義して、左端もしくは最上部に記述します。たとえば「貯金が思うように増えない」といった具合に。

Step 2 大きく要因を特定する

次に「なぜ、貯金が増えないのか？」、その理由を考えます。このとき細かく要因を洗い出すのではなく、大きく２～３個の主な要因を挙げます。たとえば、①収入が増えない、②支出が減らないといったようにバランスよく。

Step 3 要因を細分化していく

では、なぜ①収入が増えないのか、もう一度「なぜ？」を繰り返して、さらに細かい要因を考えていきましょう。これを他の要因にもやって、細かく探索していきます。必要であれば、この作業を数回繰り返し、要因を細分化していきます。

Step 4 もっとも重要なものを選びとる

こうやって要因を洗いざらい列挙できたら、それらを見比べてもっとも重要と思われるものを選びます。それこそが本質的な要因（真因）となります。

こうしてできあがったものを、「なぜ？」（Why）を繰り返すことから**Whyツリー**と呼びます。要因探索にロジックツリーを応用したものです。

一方、解決策を考え出すときにもロジックツリーは使えます。今度は左端に、解決すべきテーマ（要因）を挙げ（例：貯金を増やす）、どうやったらそれが可能となるか、対策を階層的に挙げていき、やはりもっとも重要なものを選び取るのです。「どうやって？」（How）を繰り返すことから**Howツリー**とも呼びます。

このようにロジックツリーは合理的に考えるときに欠かせないツールであり、問題解決を目指す方には必修のツールといってもよいでしょう。

図1-3 ロジックツリー

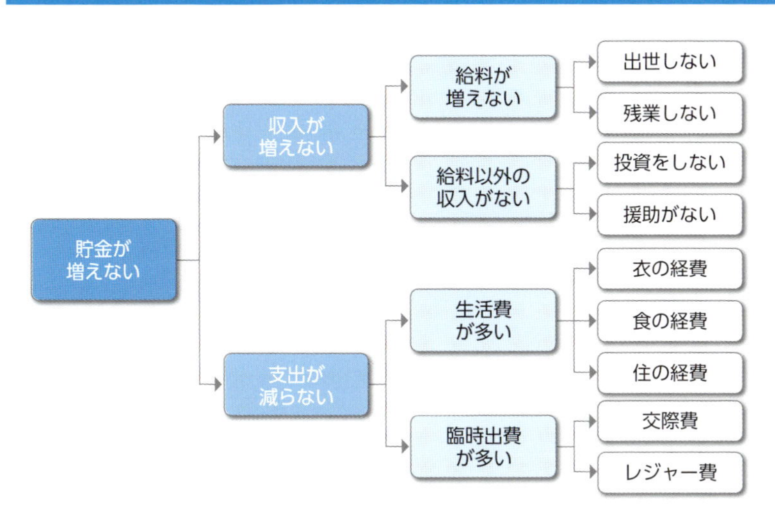

実践のポイント

ロジックツリーを使うときのコツは、モレなくダブリなく要素を分解していくことです。ロジカルシンキングでよく出てくるMECE（ミーシー）（Mutually Exclusive and Collectively Exhaustive）です。

先ほどの貯金の例で言えば、①インプット＋②アウトプットの２つの要素に分解したからこそ、要因が網羅的に探索できました。これが、①インプット＋②長期的や、①固定費＋②アウトプットとしてしまうと、モレやダブリがあって本当の要因を見逃す恐れがあります。

図1-4　フレームワークの例

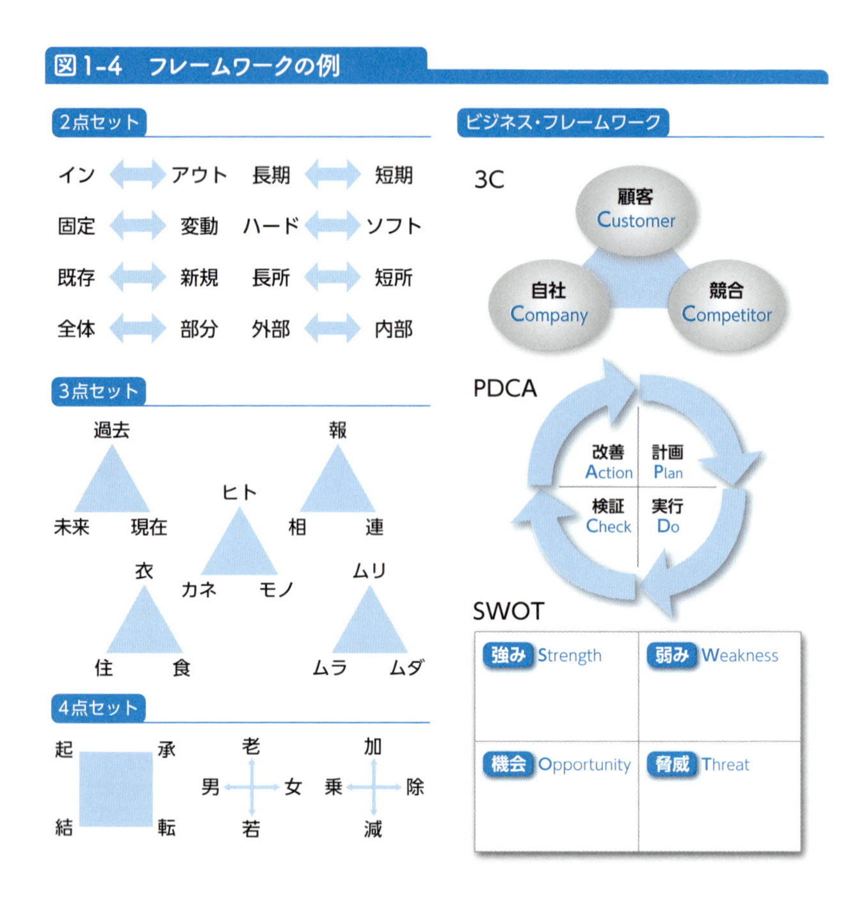

といっても、すぐにMECEな切り口が思い浮かぶわけではありません。そんなときに便利なのが**フレームワーク**です。世の中には、よく知られたMECEな切り口がたくさんあります。それを覚えておいて(もしくは参照して)当てはめればよいのです。

□これも知っておくと便利

ロジックツリーのように、「そもそも」から考える**演繹的**な方法が苦手な方がいるかもしれません。そんな人には、「とりあえず」挙げてからまとめていく**帰納的**な方法があります。

まずは要因の大きさにこだわらず、思いつく要因をすべて挙げていきます。それらを見比べて、似たようなものは一塊(ひとかたまり)にして(グループ化)、名前(タイトル)をつけ、どんどんまとめていきます。そうやりながら、ヌケやモレがないかチェックして、最終的にツリーに組み上げていきます。

この作業をやりやすくしてくれるのが**親和図法**(➡P024)です。同じく要因探しにも解決策出しにも使える優れモノです。

また、どんな問題でも大きく2〜3つに要因を大別できるとも限りませんし、うまくフレームワークが使えるものばかりでもありません。多少モレやダブリがあっても、主な要因を挙げることができれば、問題解決が進められます。

そんなときに重宝するのが、石川馨が考案した**特性要因図**(フィッシュボーンチャート)です。品質管理や改善活動でお馴染みのツールとして知られています。

形はロジックツリーと似ているのですが、MECEをあまり意識せずに、思いつく要因をたくさん(5〜7個程度)挙げられるのが特長です。ただし、「なぜ」は2回くらいしか繰り返せず、それ以上だと図解できなくなります。

いずれにせよ、これらは要因同士が独立している場合に使うものであり、相互に関係がある場合は**対立解消アプローチ**(➡P127)を組み合わせる必要があります。

参考文献:齋藤嘉則『問題解決プロフェッショナル』(ダイヤモンド社)
堀 公俊『ビジュアル ビジネス・フレームワーク』(日経文庫)

No.2

親和図法

……………隠れた共通項を見つけ出す

一見バラバラに思える情報やアイデアを、
「親和度」をもとにして分類し、
上位概念に統合していけば、
解決すべき問題の本質や
解決策の方向性が見出せます。

□基本的な進め方

川喜田二郎が考案した発想法（**KJ法**）を、幅広くさまざまな用途で使えるように一般化したのが**親和図法**です。原因の探索、課題の整理、解決策の立案など問題解決のいろんなステージで使えます。関係者が集まって「問題の本質を見つけ出す」ときを例にして使い方を説明します。

Step 1 情報を洗い出す

検討するテーマをみんなで共有した後、思いつくアイデアや意見を付箋などに１人５～10個程度書き出します。内容をあまり抽象化せずに、「○○が○○である」といったように、できるだけ具体的に（２～３行程度が目安）書いたほうが、あとで分類するときに便利です。

Step 2 親和度でグループ化する

各自書き終わったら、１人ひとつずつ読み上げて、全員が見えるような場に出します。このときに似たようなものがあれば、一緒に出しても構いません。そうやってすべての付箋を披露しながら、互いの**内容の近さを見比べて、似かよったものをグループ化**していきます。

Step 3 グループの内容を表現する

同じグループになった付箋をよく読み、「要するに、これらは何を言いたいのか？」（メッセージ）を考えて、違う色の付箋に文章で書き出します。ここもあまり抽象化せずに内容をまとめるのがコツです。

Step 4 **集約作業を繰り返す**

次に、小グループにつけたメッセージ同士の親和度を考えて、中グループをつくり、同様にまとめの言葉をつけます。この作業を、小→中→大と階層を上げながら繰り返していきます。

その過程で、付箋を追加したり、まとめの言葉をつけ替えたり、グループ同士の関係を矢印などで書き加えたりします。そうやって、みんながしっくりくるような図にしていきます。

Step 5 **結論を導き出す**

3～5つくらいの大きなグループに集約できれば作業は終了です。できあがった親和図を見て、「この図は何を言わんとしているのか？」を議論して、言葉にしていきます。このプロセスによって、1人ひとりが持っていた断片的な情報や意見が組み合わさり、総体として言わんとしていることが現れてきます。

図1-5　親和図法

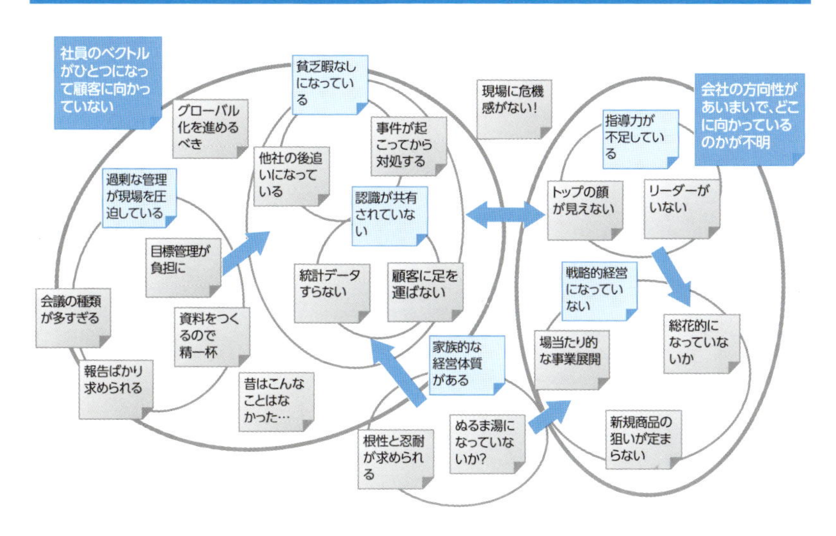

□実践のポイント

親和図法は、漠然とした思いの中から本質を抽出したり、複雑な問題を解きほぐすときに役立ちます。逆に言えば、**ロジックツリー**（➡P020）や**特性要因図**（➡P023）のように、あらかじめ問題や課題がいくつかの要素に分解できると分かっているときは、かえって効率が悪くなります。

実践する際のポイントは、情報のくくり方にあります。あまりたくさんをひとまとめにすると、あとでメッセージをつけるときに苦労します。大ぐくりすぎると、つけたメッセージが抽象化されすぎて、意味不明になってしまいます。１グループで意見３～５個くらいが適当です。

また、グループ化するときに、ありきたりの切り口で分類してしまうと、意外な結論が生まれにくくなります。既存の**フレームワーク**（➡P022）を使わずに、情報と情報の見えにくい共通項を見つけ、新しい切り口でグループ化するほうが思わぬ発見につながります。ありきたりの切り口で分けるなら、ロジックツリーを使うほうが得策です。

さらに、まとめの言葉のつけ方も大切です。切り口をそのままタイトルにしたり、あいまいな言葉でくくってしまうと、どんどん内容が抽象化されてしまいます。最後の結論が「そんなの当たり前じゃないか」と思われるような、陳腐なものになりかねません。

たとえば、「なぜ、お客様の満足度が低いのか？」を議論していて、次の３つの意見を一くくりにしたとしましょう。

①すぐに故障してしまう

②傷がつきやすく、クレームになる

③顧客の求める品質が提供できていない

これに「品質が低い」や「品質問題」と単にカテゴリー名をつけたのでは、分類にはなっても、本質を浮かび上がらせるには不向きです。

そうするくらいなら、「顧客の求める品質が提供できていない」と包括した意見に代表させたほうがまだマシ。キーワードを合体させて「故障や傷が多くて満足できる品質でない」とするのでもよいでしょう。あるいは、「商品への過信が品質への甘えになっている」といったように、それぞれの意見の裏にある思いをまとめにするのでもOKです。

このように、多少文章が長くなっても、エッジの効いた言葉をつけるようにすると、集約していく過程で意味が損なわれることが少なくなります。

□これも知っておくと便利

K.グレゴリーが開発した**セブンクロス**（7×7法）は、親和図法と組み合わせて使え、課題の整理と方策の立案が一度にできる便利な手法です。

親和図法を使って、問題の原因や課題の本質をいくつか抽出できたとしましょう。それらを見比べて、重要度の高い順に最大7つまで選び出し、左から右へと並べます。

次にそれらの課題に対する方策をできるだけたくさん考え出し、重要度の高いものから最大7つまで選び、個々の課題の下に順に並べます。そうすると49個の問題解決のアイデアのマトリクスが、優先順位付きでできあがることになります。

図1-6　セブンクロス

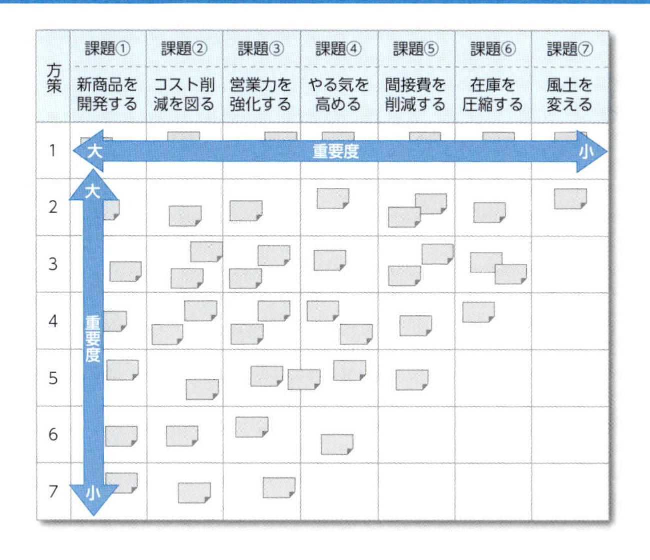

参考文献：川喜田二郎『発想法』（中公新書）

No.3

プロセスマッピング

無駄と足かせを発見する

仕事の流れ（プロセス）を「見える化」して、
個々のタスク（仕事）のつながりを最適化したり、
全体の制約となっている
ボトルネックを改善したりして、
プロセス全体の生産性を向上させていきます。

□基本的な進め方

私たちは、いくつかのタスク（仕事）を積み重ねて、課題をこなしていきます。無駄なタスクがあったり、タスク同士のつながり方が悪かったりすると、プロセス全体の効率が下がって問題が発生します。**プロセスマッピング**では、仕事の流れを最適なものにすることで問題の解決を図ります。

目的に応じていくつかのやり方があるのですが、「タイムリーに新商品が開発できない」という問題を例に、よくある進め方を解説することにします。

Step 1 作業の流れを「見える化」する

商品開発のプロセスを個々のタスクに分解して、入力（インプット）と出力（アウトプット）の関係を調べて矢印で結び、フロー図に展開していきます。複雑な場合は、最初にラフに整理してから、詳細なプロセスを記述するようにします。

必ずしも１本の線になるとは限らず、途中で分岐したり合流したりすることもあります。他のタスクを支援するタスクがあれば、それも加えます。

Step 2 プロセスの無駄を見つけ出す

描き終わったら、処理内容があいまいなタスクはないか、重複しているタスクはないか、無駄なつながり方をしていないかなど、改善ポイントを探します。それぞれ改善策を考えて、プロセスを修正します。

Step 3 入出力のロスを見つけ出す

次にタスク同士の仕事の受け渡し方をチェックします。何がインプットで何がアウトプットなのか、要件が具体的になっているかを調べます。たとえば、2つのタスクの間で「商品アイデア」を受け渡すにしても、どんな文書にどんなカタチでアイデアを表現するのかが明確になっていないと、プロセスがスムーズに流れていきません。

Step 4 ボトルネックを見つけ出す

さらに、作業の効率が悪いために、全体の足かせとなっているボトルネックを探し出します。そこに対処しないと、他がいくら頑張っても思うような成果は上がらないからです。

逆に言えば、そこは格好のレバレッジ（てこ）ポイントとなり、うまく改善できれば、全体のスループット（処理能力）が大きく向上します。こうやって最小の資源で最大の成果を目指すのが、プロセスマッピングによる問題解決です。

図1-7 プロセスマッピング

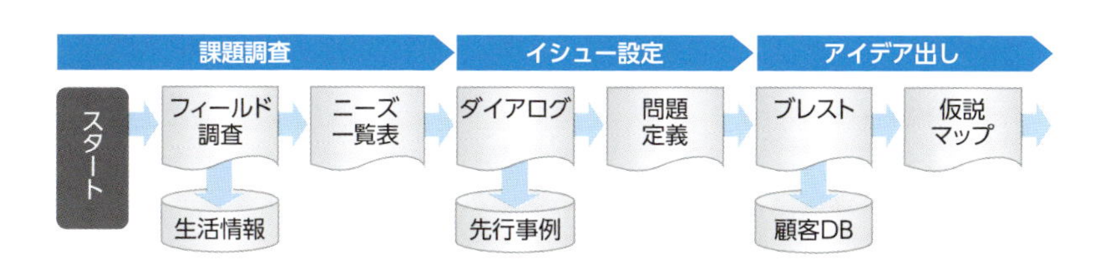

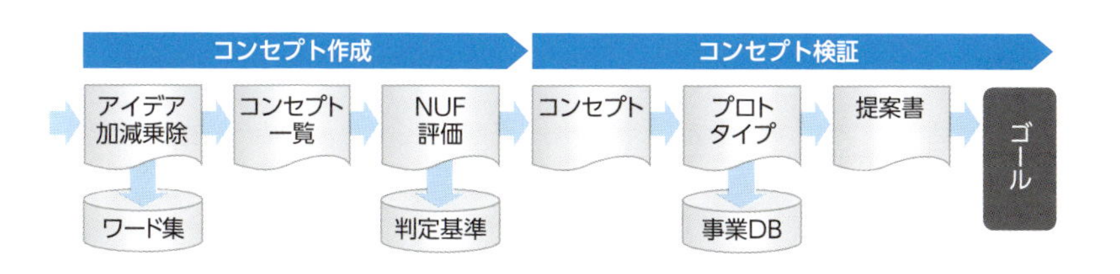

□実践のポイント

ボトルネックに対処するには、E. ゴールドラットが開発した**制約理論**（Theory of Constraints：TOC➡P136）が役に立ちます。大まかな手順は以下のようになっています。

1）ボトルネックを見つけ出す

プロセス全体の流れを見て、作業効率の面でもっとも弱いところを探します。先ほどの例で言えば、それがプロトタイピング（試作品づくり）のタスクだったとします。

2）ボトルネックを徹底的に活用する

今の試作品づくりのやり方において、活用されていない資源や能力はないかを調べて、そこのポテンシャルを100％発揮させることを目指します。たとえば、休日出勤する、過去の試作品を流用する、機能を簡素化するといった具合に。

3）ボトルネックに他を合わせる

ボトルネックが足かせになっているのに、他の作業を急いでも全体が滞るだけです。他のタスクをボトルネックのスピードに合わせて、作業の無駄を省くようにします。

4）ボトルネックの能力を向上させる

次に、そうやってひねり出した資源（ヒト、モノ、カネ、情報など）を、ボトルネックの能力をアップさせるために投入します。たとえば、市場調査に充てていたメンバーの一部を試作品づくりに投入すれば、ボトルネックの能力はアップします。

モノによる試作を止めてコンピュータ上の3Dモデルで商品性を検討する、3Dプリンタを使って試作時間を飛躍的に縮める、といったような抜本的な解決策を考えるのも一案です。

5）一連の作業を繰り返す

これらの作業を、粘り強く何度も繰り返し、全体プロセスの改善を進めていきます。何度もやっているとマンネリに陥りやすいので注意しましょう。

□これも知っておくと便利

プロセスマッピングでは、個々のタスクやそれらのつながりの中に問題解決のヒントを見出していきます。いわばミクロなアプローチです。それとは逆に、プロセス全体の大きなマクロな流れの中から、取り組むべき着眼点を見つけ出す方法もあります。

たとえば、ここで考えている「タイムリーに新商品が開発できない」という問題なら、今までどんなやり方を導入して、どんな商品を開発してきたか、これまでの流れを時系列で並べてみます。いわば、商品開発という仕事の年表をつくるのです。

あわせて、世の中で注目されたヒット商品、世相を反映する国内外のトピック、社内で起きた出来事など、自分たちの周りの動きを年表に書き加えていきます。そうやってできた年表を眺めて、繰り返されているパターンはないか、大きなトレンドはないか、事象同士に因果関係がないかを調べていき、問題解決の糸口を発見していきます。これが**タイムライン**です。

図1-8　タイムライン

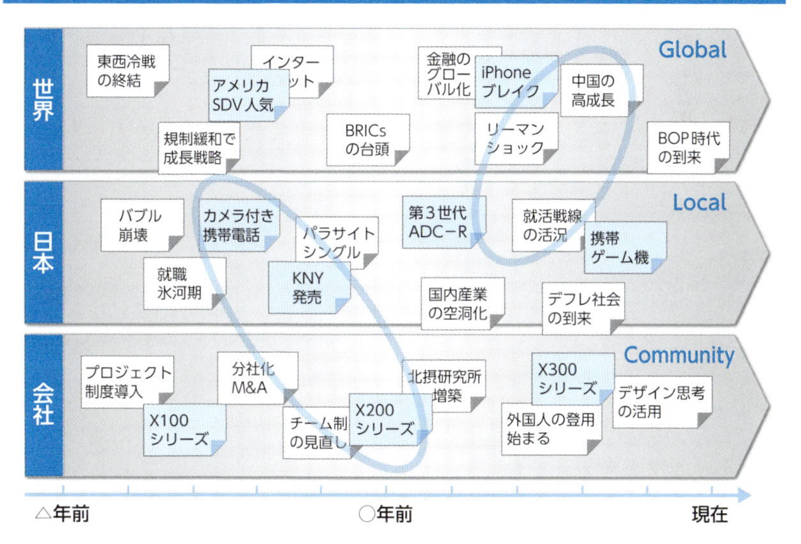

参考文献：森 時彦『ザ・ファシリテーター』（ダイヤモンド社）
E.ゴールドラット『ザ・ゴール2』（ダイヤモンド社）

No.4

因果関係分析

本当の原因を見つけ出す

問題の真の原因を見つけるには、
相関関係を探し出すことが手がかりになります。
しかしながら、
相関関係があっても因果関係があるとは限らず、
慎重に因果関係の有無を見極めていきます。

□基本的な進め方

ギャップ・アプローチでは原因の特定が勘所であるにもかかわらず、直感や思いつきで原因を決めつける人が多く見受けられます。ロジカルに考えるためには、**因果関係**を見極めるやり方を覚えておく必要があります。

一例として、入社してすぐに会社を辞める若者が増えてきた、という問題を考えてみます。ある人が「上司の指導が厳しすぎるからじゃないか」と、いかにもありそうな原因を挙げたとしましょう。そんなときは次のステップで真の原因かどうかを調べるようにします。

Step 1 共変しているかどうか?

指導の厳しさが原因なら、上司の指導を厳しくすればするほど辞める若者が増え、上司の指導を優しくすれば、辞める若者が減るはずです。

片方が増えれば、それに連れてもう片方が増えたり（減ったり）する。増減の方向を問わず、共に変化する関係にあれば、原因の可能性が高くなります。これを**相関関係**と呼びます。それがあるかどうかを調べることが最初のチェックポイントです。

Step 2 起こる順番はどうか?

辞めそうな若者を見つけたときに、「なんだ、コイツ！」とばかり上司の指導が厳しくなったのなら、原因と結果が逆になります。因果関係を見極めるには、どちらが先に起こるか、時間の順番を調べる必要があります。2つの要因に相関関係がある場合、先に起こったほうが原因の候補となります。

Step 3 他の因子が働いていないか？

部下に厳しい上司の下では、与える仕事の量が増え気味だったり、休みが取りづらかったりします。そうすると真の原因は、オーバーワークや低い有給休暇の消化率にあるのかもしれません。

あるいは、それらがすべて「死ぬほど働け！」という経営者の方針から来ているのだとしたら、上司の指導を緩めても退職者は減らないかもしれません。見かけの原因に騙されず、真の原因を探し出す必要があります。

Step 4 結果への影響力が高いか？

ここまで調べてもなお、上司の指導の厳しさが退職の原因だとしましょう。最後はそれが、重要かどうかが問われます。というのは、部下の退職という現象には、「与えた仕事が本人の希望と合わなかったから」「基本を身につけることの大切さが理解できなかったから」といったように複数の原因が考え

図1-9 相関関係と因果関係

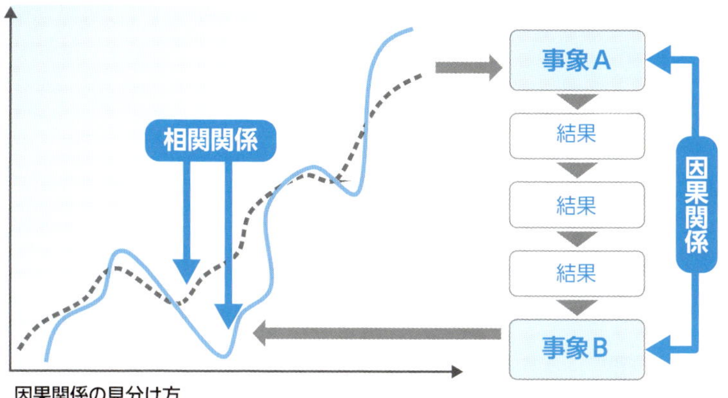

られるからです。瑣末な原因ではなく、もっとも本質的な原因にメスを入れないと、真の問題解決になりません。

□実践のポイント

正しく相関関係を見つけ出すには、有意性のあるデータを集めて相関係数を算出するという、統計的な分析が求められます。詳しく紹介する余裕がないので、もう少し知りたい方は統計の専門書をご参照ください。

ところが、現実のビジネスの問題では、そこまで手間がかけられないケースが大半です。少ないサンプルで相関関係の有無を判断せざるをえず、読み違えをする危険性と隣り合わせになります。

たとえば、厳しい指導が退職の原因かどうかを調べるため、ある部門で指導を優しくしてみたところ、目に見えて退職者が減りました。一見、これで相関関係が明らかになったように思えます。

ところが、指導が厳しいときに大量に辞めたために、ちょっと落ち着いただけかもしれません。**平均回帰**と呼ばれる現象であり、指導が厳しいままでもそうなった可能性があります。要は、偶然に起こったことに、相関関係を見出してしまったわけです。

このように、我々の思考の歪みや偏りが、判断を曇らせることがあります（コラム1参照➡P044）。因果関係を見極めるのは、言葉で言うほど簡単ではありません。

だからといって、正しく相関分析をするのに必要なデータを集めているうちに、若者がみんな辞めてしまって、身動きがとれなくなったのでは元も子もありません。緻密な分析をするよりは、仮説検証のサイクルを早く回すほうが得策だったりします。

原因の特定が大切といっても、科学の真理を追究しているわけではなく、実社会の問題解決の話。時間や労力も限られており、完璧にはやれません。分析と解決のバランスをどう取っていくかが、ギャップ・アプローチの妙となります。

□これも知っておくと便利

いろんな要素が絡み合った問題で真の原因を見つけ出すのは簡単ではありません。その手助けとなるツールのひとつに**連関図**があります。

「若者の離職率が高まってきた」という問題を分析するとしましょう。まずは、中心にテーマを書き、原因と思える要素を洗い出して、想定される因果関係を矢印で結びます。次にそれらの要因を作り出している原因を考え、やはり因果関係を矢印でつなぎます。

この作業を繰り返して、大元になっている要因や、多くの矢印の出発点になっている、**全体への影響力がもっとも高い原因を見つけ出します**。そこに対処することで効率的に問題解決が図れます。

ただし、物事は単純な因果関係で表せるとは限りません。原因と結果がループ（循環）構造となって、どちらが原因でどちらが結果なのか分からない場合もあります。そうなると連関図では対処しきれず、**システムシンキング**（➡P144）を使うのが賢い選択となります。

図1-10　連関図

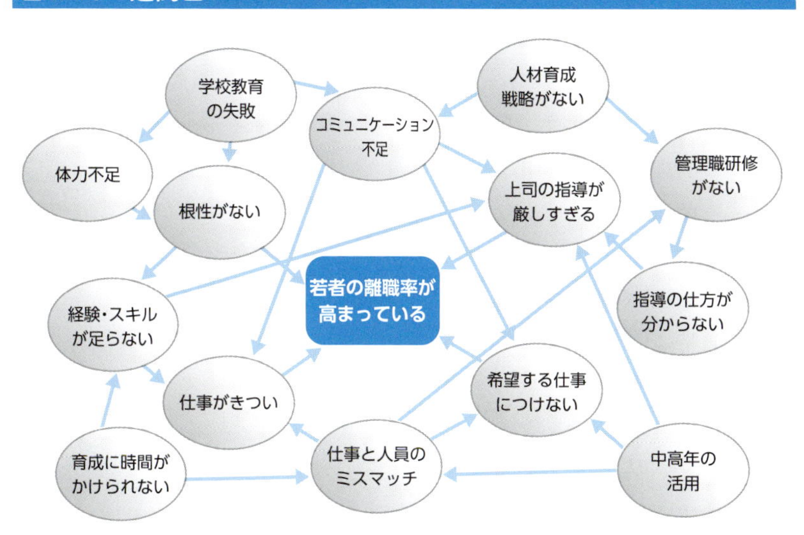

参考文献：グロービス経営大学院『グロービスMBAクリティカル・シンキング』（ダイヤモンド社）
今里健一郎『図解入門ビジネス 新QC七つ道具の使い方がよ～くわかる本』（秀和システム）

No.5

リフレクション

同じ過ちを繰り返さない

経験を学習に結びつけることが
問題解決の近道となります。
経験を振り返り、成功や失敗の原因を分析して、
次に向けての教訓（レッスン）を導き出せば、
二度と同じ轍を踏まなくて済みます。

基本的な進め方

問題にぶち当たってうまくことが進まないと、行き当たりばったりに手を打ったり、「そんなはずはない」「今度こそは」と同じ方法をもう一度試したくなります。これでは経験という貴重な資源がまったく活かされていません。

リフレクション（**省察**、**振り返り**）は、体験から教訓を抽出することによって、問題解決への新たな道筋を見出す方法です。特に人やチームが絡む問題に威力を発揮します。体験学習法を元にしてつくられた**AAR**（事後検討法）をベースにして、振り返りの進め方を解説します。

Step 1 目的を確認する

たとえば「お客様を怒らせて契約が打ち切りになった」といった出来事をチーム全員で振り返るとしましょう。まずは、そもそも何を目指していたのか、目的や目標を確認します。目的を見誤ってしまうと振り返りがあらぬ方向に進みます。現実と理想のギャップを知るためにも大切なステップです。

Step 2 事実を特定する

次に、いきなり原因を探したり、解決策を考えたのでは、上っ面をなぜただけのような浅い教訓しか得られません。まずは、判断や評価を保留して、いったい何が起こったのか、事実を見極めましょう。

ひとつは、実際に起こったこと、すなわち**客観的な事実**です。私がこうしたら、お客様がこう反応し、それに対して上司が…といった具合に。できるだけ評価や判断を挟まずに事実だけを集めるようにします。

さらに、その時々でどんな気持ちだったか、感情や心模様なども特定していきます。「うまくいくか不安だった」「イラついているようだった」といったもので、客観的ではありませんが本人にとっては本当のことです。**心理的な事実**と呼びます。

Step 3 原因を分析する

これらの事実を手がかりにして、「なぜ、そうなってしまったのか？」原因やメカニズムをひも解いていきます。といっても、個々の行為の良し悪しを評価したり、責任追及するわけではありません。どんな行為がどんな感情を生み、それが次のどんな行動を引き起こしたか…。**それぞれの行為の関係づけや意味づけをする**ことがポイントです。そうやって、相互作用（関係）的に起こっているパターンやトレンドを見つけ出していきます。

Step 4 教訓を知識化する

分析から導かれた知見を、「○○のときは○○すべき」「私は○○だと○○してしまいがちだ」といったように一般的な表現にして、次の体験に向けて

図1-11　AAR（事後検討法）

の教訓とします。それも前節の因果関係分析のようにキッチリと因果関係を特定する必要はなく、仮説でOK。人や社会が絡む問題に100％正しいことなんてありえません。何度も経験する中で仮説を修正していき、最終的にうまくいく法則性（持論：**マイセオリー**）が見つかればそれで十分です。

□実践のポイント

振り返りというと、どうしても結果に目がいきがちになります。「いくら売り上げたか」「どれくらい早く終わらせたか」「どれだけお客を満足させたか」といった**コンテンツ**（成果）ばかりに関心がいってしまうのです。

しかも、うまくいけば「よくやった！」と喜んで終わり、できなかったら「なぜ、できないんだ」と反省を強いられ、「今度こそは…」と気合いを入れ直す。それが、よくある振り返りです。

ところが、結果を振り返っても、過去の話であり、今さら変えようがありません。しかも、同じやり方から違う結果は生まれません。本来は、結果を生むに至る**プロセス**（過程）こそ振り返るべきであり、そこに問題解決のヒントがあります。

図1-12　自己開示とフィードバック

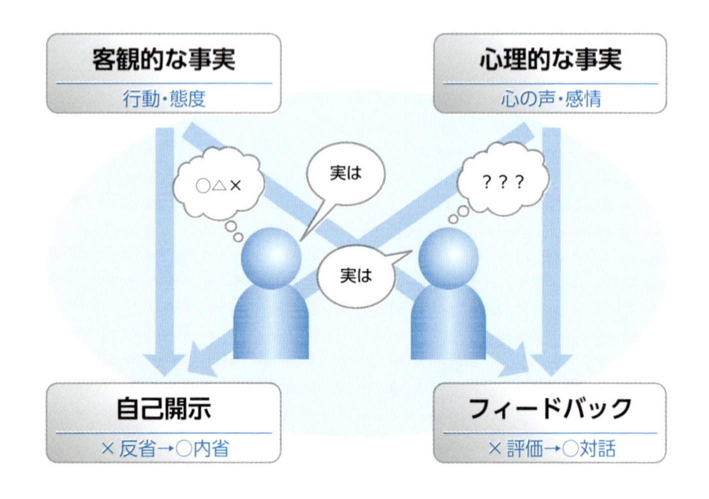

リフレクションでもっとも大切なのは〈Step 2〉です。因果関係分析と同様に、ここでデータをしっかり集めないと、重要な相関関係や因果関係を見落としてしまうからです。

「○○がまずかった」「○○すればうまくいくはずだ」と安易に結論づけたくなる気持ちを抑えて、事実を余すことなく洗い出すことが、振り返りの最大のポイントとなります。

そのためには、反省ではなく、「そのとき私は何をして（感じて）いたのだろうか？」と、自分の行為や心理に対して深く**内省**しなければなりません。みんなでリフレクションをやる場合は、「実は…」と素直に語る、**自己開示**が求められます。

それと同時に、「まわりはそれにどう反応していたのだろうか」と、観察する目も欠かせません。観察して得たものを、「○○だったよね」と指摘（**フィードバック**）できればさらに学びは深まっていきます。

□これも知っておくと便利

このように、リフレクションを効果的に進めるには、深い内省と対話が必要となり、それなりの時間もかかります。自己開示とフィードバックを誘発するには、何を語っても許される安心・安全の場づくりが必要です。

そこまでやるのは大変なときのために、簡単な方法をひとつ紹介しておきましょう。**満足度マトリクス**と呼ばれる手法です。

やり方は簡単で、ホワイトボードや模造紙を用意して、４つに区切るフレームをつくります。①続けたいこと、②変えたいこと、③新しく始めること、④感謝することの順番で、みんなで意見を出し合って、各々のフレームに記録していきます。こうするだけでも、次に向けてのさまざまな教訓が得られます。

他にもプラスとデルタ、Three Ss、**KPT** （➡P105）など、さまざまな振り返りのフレームワークが提案されており、メンバーと目的に応じて使い分けるとよいでしょう。

参考文献：津村俊充・石田裕久編『ファシリテーター・トレーニング』（ナカニシヤ出版）
松尾 睦『「経験学習」入門』（ダイヤモンド社）

No.6

ベンチマーキング

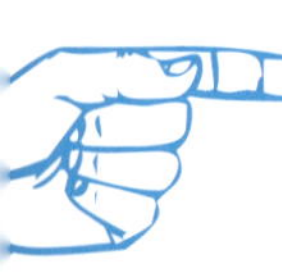

ベストプラクティスから学ぶ

もっとも優れたやり方をしている人や組織を見つけ、
自分たちのやり方との比較や分析を加え、
その事例を参考にして
ギャップを埋める方策を考えることで、
自らが抱える問題を解決していきます。

□基本的な進め方

問題解決というと、多くの人は「うまくいかない原因」「失敗の理由」といったネガティブな要素を考えがちになります。ところが、「うまくいった原因」や「成功の理由」を見つけ出すことも、解決への大きな助けとなります。

自分たちの中にそういったものが見つけられないのなら、他の事例を学べばよい話。もっとも高いパフォーマンスを見せている事例（**ベストプラクティス**）であれば、学ぶことが大きいに違いありません。それが**ベンチマーキング**の考え方です。これを経営手法として提唱したR.キャンプのやり方を、広く活用できるように一般化して説明します。

Step 1 問題を特定する

どんな問題を解決するために何をベンチマーキングするのか、比較する項目を設定します。たとえば事務部門の業務の効率が悪いので、会議やミーティングの進め方をベンチマーキングしたい、といったように。

Step 2 ベストプラクティスを探し出す

ベンチマークする相手を組織の内外から探し出します。ライバルでも他の業界でも構いません。学校やボランティア組織といったように、まったく違う世界の話が参考になることもあります。できるだけ幅広く事例を集め、もっとも高いパフォーマンスを見せているものを見つけ出します。

Step 3 ギャップとその理由を分析する

ベストプラクティスに関する情報を集め、自分たちと比べてどこがどう優れているのか、ギャップやその大きさを分析していきます。さらに、なぜ相手は優れているのか、ギャップを生み出した要因を、定量的または定性的に考えます。これが**KFS**（Key Factor for Success）です。

Step 4 目標を設定し、意識を共有する

単にベストプラクティスの真似をして追いつくだけでは意味がありません。いつ、どれくらいのレベルまで相手を上回るのか、改革の目標を設定します。その上で、ここまでで得られた情報を関係者間で分かち合い、目標達成や改革活動に向けての意識を共有します。

Step 5 具体的な取り組みに落とし込む

あとは個人ないしは個別組織の目標に展開し、それぞれ何ができるか、具体的な行動計画（アクションプラン）に落とし込んでいきます。それらを着実に実施し、結果を評価してまた改善を加えるという、いわゆる**PDCAサイクル**（Plan→Do→Check→Action）を回していきます。

図1-13 ベンチマーキングの進め方

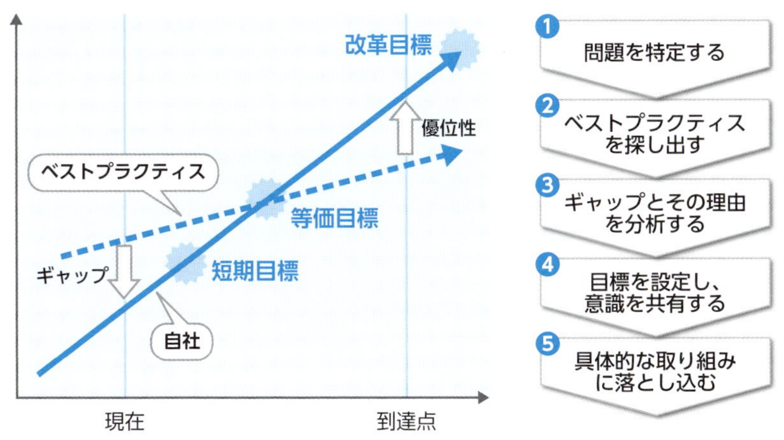

出所：R.キャンプ『ベンチマーキング』（PHP研究所）

□実践のポイント

ベンチマーキングで一番難しいのが、どうやってベストプラクティスを選び出し、どうやってその成功の秘密を探るかです。

R.キャンプはベンチマーキングのタイプとして①社内ベンチマーキング、②競合企業ベンチマーキング、③業務部門ベンチマーキング、④包括的ベンチマーキングの４つを挙げています。多くの方が興味があるのは②、なかでも業界トップ企業の秘密を知りたいところです。

ところが、情報収集が困難な上に、案外どこも似たり寄ったり。苦労した割には目からウロコの発見が得られにくいものです。

うまくコネクションが見つかるのなら、競合関係にない③④のほうが、情報集めがしやすく、画期的なプラクティスが見つかる可能性が高くなります。

ただし、「へえ、すごいなあ…」と感心して終わったり、「業界が違うので真似できないよ」と諦めてしまう恐れがあります。ベストプラクティスの取り組みの中に**普遍的なものや一般化できるものはないか**、それらを見抜く感受性と洞察力が求められます。

図1-14　ベンチマーキングの4タイプ

手法	進め方	実行のしやすさ	情報収集の容易さ	画期的な発見
社内 ベンチマーキング	企業の中で類似した業務をしている部門と比較する	ok	ok	
競合企業 ベンチマーキング	ライバル、なかでも業界トップの企業と比較する	ok		
業務部門 ベンチマーキング	同じ業務をしている他の業界の部門と比較する		ok	ok
包括的 ベンチマーキング	他の業界で類似性のある業務をしている部門と比較する		ok	ok

出所：R.キャンプ『ベンチマーキング』（PHP研究所）

そのためには、公開されている情報を集めて分析するだけでは不十分で、実際に現場に足を運び、現実や現物を見て、直接話を聞かないことには、本当のところは分かりません。

また、相手に対するメリットも考えておかないと、通り一遍の情報開示で終わる恐れがあります。相互にベンチマーキングをするというのも、そのためのひとつの方策になります。

これも知っておくと便利

ベンチマーキングは誤解を招きやすい手法のひとつです。たとえば、「他の真似をしても勝てない」「自分に合ったオリジナルなやり方こそが優位性となる」「やればやるほど似通ってしまう」といった批判がよくあります。

気持ちは分かります。他に真似できない**コアコンピタンス**（競争優位性）を確立し、誰も手をつけていない**ブルーオーシャン**を見つけることこそが、競争に打ち勝つ最良の道である。そんな考えが元になっているのでしょう。

しかしながら、すべてをオリジナルなやり方でやる必要はないはずです。そもそも「学ぶ」ということは「真似る」ことです。わざわざ優位性を創り出す必要がないと判断したもの（弱み）は真似ればよく、これこそが競争力の根源であるというもの（強み）はオリジナルで考えるべきでしょう。

要は、何をベンチマーキングして何をしないのかを区別する智恵が求められるわけです。

それに、ベンチマーキングしたとしても、必ずしもベストプラクティスのやり方をそのまま真似る必要はありません。それを元にして、もっと革新的なやり方を考えればよいのです。

加えて、包括的ベンチマーキングのように、一見無関係に見えるプロセスの中に類似性が見つけられれば、他では真似ができない画期的な発見につながります。これこそ、次章で紹介する**類比発想**（➡P062）に他なりません。

まとめると、ベンチマーキングの良し悪しを論じるよりも、どう使うかを考えたほうが実践的です。上手に使いこなして問題解決に役立てていきましょう。

参考文献：R.キャンプ『ベンチマーキング』（PHP研究所）

Column 1

バイアスの落とし穴が待っている

本文で述べたように「なぜ?」と原因や理由を考えるのは、人間が持っている素晴らしい特質です。ところが、案外これが当てにならないのが人間の困ったところでもあります。

一例を挙げましょう。皆さんは仕事がうまくいって上司に褒められたら、「よく頑張ったから」「最初の判断がよかったから」と自分の努力や能力のせいにしませんか。ところが、逆にうまくいかなかったら「皆の協力が得られなかったから」「運が悪かったから」と環境や偶然のせいにしないでしょうか。

つまりうまくいったことは原因を内部に求めるのに、うまくいかなかったことは原因を外部に求めてしまう。これが「原因帰属バイアス」(自己奉仕バイアス)です。成功は自分の手柄、失敗は他人の落ち度と考えてしまうわけです。

あるいは「代表性バイアス」というものもあります。過去に起こった出来事の中で、思い出しやすい典型的な事例をもって判断してしまう癖です。たとえば、学生時代に野球部のキャプテンだった新人が大活躍したら、「採用するならキャプテンに限る」と考えてしまうことです。

さらに、思い出しやすいことを過剰に評価する「利用可能性バイアス」。「私は最初から分かっていたんだ」とばかり、物事が起きてからそれが予測可能だったと考える「後知恵バイアス」。たまたま起こったことに因果関係を見出してしまう「偶然性バイアス」など、数え挙げればキリがありません。いったいどうやったら、こういった認知の歪みや偏りを排することができるのでしょうか。

残念ながら、そのための特効薬はありません。これらは、効率的に考えるために人間に備わっている機能で、それでうまくいくこともあります。多かれ少なかれ誰しもが持っており、完全になくすことはできません。

せめてできるのは、バイアスがかかっている可能性があることを自覚し、「本当にそうか?」「他の考えはできないか?」と、自分自身やみんなに問いかけることです。そんな批判的(クリティカル)な態度を身につけることが、見当違いを生まないための最善の方法となります。

第2章

創造的アプローチ
斬新なアイデアを生み出す

7 自由連想……発想の輪をどんどん広げる

8 アイデア展開……細かく分けてひねりを加える

9 結合発想……異なる要素を組み合わせる

10 類比発想……他からヒントを得る

11 ブレークスルー思考……思考の壁を打ち破る

12 デザイン思考……イノベーティブな発想を生む

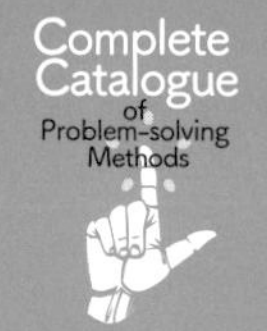

事例2

君、若いんだから、何かないのかね？

時計の針を見ると既に夜の10時。こんなペースでやっていると、また終電を逃しかねません。「２週連続で、それだけは避けたい」と必死で智恵を絞ろうとするものの、ひらめきは一向に訪れてきません。

Ｂ氏が勤める日用品メーカーが苦境に立たされています。昨年、ライバル会社が斬新なヒット商品を連発し、あっけなくシェアを逆転されてしまいました。しかも、先月からライバルが大々的なマーケティングを展開し始め、次々と棚を奪われつつあります。早く反撃しないと取り返しがつかないことになります。

そこで、商品開発に関わる各部門の精鋭が集まって、緊急に商品のラインアップの見直しをしています。起死回生のアイデアを出そうと、午後からずっと会議室にこもっているのです。

考える材料はすべてそろっています。綿密な市場調査もしましたし、顧客の声も大量に集めました。なぜライバルが絶好調なのか、逆になぜ我々がそれに追いつけないのか、原因もほぼつかんでいます。ライバルを追撃する戦略もできており、あとはそれを商品に落とし込めばよいだけです。

ところが、午後からずっとやっているにもかかわらず、「これだ！」というアイデアが出てきません。少し目先を変える程度の小粒なものだったり、二番煎じだったり、過去にボツになったアイデアの焼き直しだったり…。「そんなので勝てるの？」「お客が喜ぶと思う？」「真面目に考えている？」と集中砲火を浴びて、ことごとく撃沈させられます。

考える気力が失せて、「ライバルには凄いアイデアマンがいるんだろうな…」と思っていたら、いきなり古参の課長から名指しされました。「Ｂ君、君はこの中で一番若いんだから、何かないのかね？」と。

面喰らってモゴモゴしていると、「なんだ、何も思いつかないのか。頼りにならん奴だ」と烙印を押される始末。結局、このメンバーでは力不足で、次回は若い女性を入れてアイデア会議をしよう、という結論で会議は打ち切りとなりました。そのまとめを聞きながら、このままこの会社で仕事を続けていて大丈夫なのか、不安になっていくＢ氏でした。

アイデアがすべてを解決する？

いくら問題が緻密に分析できていても、解決策のアイデアが出なければ何の成果も生み出しません。どの問題解決アプローチを使うにしろ、最後はアイデアの勝負になります。

それどころか、斬新なアイデアさえ出せれば、問題解決のやり方なんてどうでもよく、たちどころに問題が解決してしまいます。会議でも、誰かが目が覚めるようなアイデアを一発出せば、簡単に意見がまとまります。アイデアがすべてを解決するといっても過言ではありません。

言い換えると、問題がなぜ解決しないかと言えば、アイデアが思いつかないからです。

であれば、優秀なアイデアを効率的にひねり出すのが一番の近道。それが**創造的アプローチ**です。商品開発、戦略立案、業務改善のようなアイデアの質が求められる分野はもちろん、どんなときも役に立つアプローチです。

そもそも、問題を「考える」ことと、アイデアを「ひらめく」ことでは、頭の働きがかなり違います。

前者は、主に左脳を使って論理的・分析的に考えます。これを**ロジカル・シンキング**（論理思考）と呼びます。第１章のギャップ・アプローチが典型

図2-1　2つの思考法

	論理思考 Logical Thinking	創造思考 Creative Thinking
問題	問題が明確である	問題があいまいである
様式	筋道を立てて考える	直観的にひらめく
答え	正解はひとつしかない	正解はたくさんある
方法	左脳（理性・言葉）を使う 要素に分けて考える 統計的に分析する	右脳（感性・イメージ）を使う 全体像を把握する 関連性を洞察する

で､「こうやればうまくいく」という方法論がハッキリしているのが利点です。

それに対して後者は、主に右脳を使って創造的・直観的に考えます。**クリエイティブ・シンキング**（創造思考）と呼びます。

長時間必死で考えたからといって、ひらめきが訪れるわけではありません。かといって、「スティーブ・ジョブズのような人がいたらなあ…」と天才をあてにしたのでは、放棄したも同然です。ちょっとした着想を､「なぜ？」「本当？」と攻めたのでは、どんな石橋も叩いて壊してしまいます。

創造思考には、論理思考とは違った方法論が求められ、古今東西さまざまな人が研究・開発してきました。それらを駆使することで革新的なアイデアが生まれやすくなります。

アイデアを生み出す3つの原理

アイデアとは「既存の要素の新しい組み合わせ」（ジェームス･W.ヤング『アイデアのつくり方』）と言われています。この定義に基づけば、アイデアを生み出す**3つの原理**が導けます。いわば創造的アプローチを活用する大前提です。

原理1　インプット→アウトプット

頭の中にインプットした既存の要素が多ければ多いほど、新しい組み合わせが生まれやすくなります。関連する資料や情報を集めたり、直接現場に出向いて観察やインタビューをしたり…。特に、情報があふれかえっている昨今では、今まで気がつかなかった既存の要素を発見することがカギとなります。

原理2　発散→収束

一見、役に立たないような要素でも、組み合わせによっては素晴らしいアイデアとな

図2-2　アイデアを生む3つの原理

るかもしれません。アイデアを出すときは、評価や選択を棚上げにして、徹底的に出し切ることが重要となります。これを**発散**と呼びます。

その上で、効果性や実現性など、いろんな観点でアイデアを評価し、絞り込みをかけていきます。これを**収束**と呼び、両者のメリハリをつけることが、良いアイデアを生み出すコツです。

原理3　仮説→検証

すべてのアイデアは解決策の候補に過ぎません。「こうすればうまくいくかも？」「こんなのがあれば面白いかも？」といった仮説に他ならないのです。それが、本当に魅力的なアイデアかどうかは、当事者や市場に検証してもらって初めて分かります。仮説→検証のサイクルを回すことで、本当の解決策になっていきます。

□クリエイティブな場をつくろう！

加えて、疎かにしてはいけないのが、アイデアを生み出す場（環境）です。

１人静かに部屋にこもるのが好きな人もいれば、少しざわついた喫茶店がベストだという人もいます。昔からアイデアは三上（馬上、枕上、厠上）と言われており、散々考えた後で緊張を緩めたときに生まれることもあります。そのためもっとも居心地の良い環境を確保することが大切です。

この話は、集団でアイデアを出すときも同じです。堅苦しい会議室でアイデア会議をやるよりも、遊び心にあふれるオープンスペースでやるほうが、気分も盛り上がってきます。人の集まる場所にホワイトボードを置いて、いつでも対話できるようにするのも一案です。

さらに、場のムードも重要な要素です。「こんなのどう？」「こういうのもいいよね？」と気軽にアイデアが披露できて、しかも前向きに受け止めてくれる。そういう組織風土がないと、ここで述べる技法も役に立ちません。

加えて、自由に発想する時間の保証、アイデアパーソンを歓迎する人事処遇制度、異種協働を促すプロジェクト制度など、仕組み面においても工夫があれば言うことなし。アイデアを生み出す土壌をどれだけ耕せるかがポイントとなります。

No. 7

自由連想

発想の輪をどんどん広げる

今あるアイデアをヒントにして
次のアイデアを発想していきます。
そうやって連想ゲームのようにして
アイデアを発展させていけば、短時間に
たくさんのアイデアを出すことができます。

□基本的な進め方

まったく何もないところからアイデアを出すのは案外難しいものです。何か糸口があったほうが考えやすくなり、その格好の材料となるのが、既にあるアイデアです。

自由連想では、既にあるアイデアや誰かが出したアイデアをヒントにして次のアイデアを導き出します。こうやって、連想ゲームのようにして芋づる式にアイデアを発想していけば、数が稼げると同時に、思わぬアイデアに行きつくことがあります。

その代表的な手法が、A.オズボーンが開発した**ブレーンストーミング**（ブレスト）です。元は５～８人くらいの集団でアイデアを出す方法として考え出されましたが、次の**４つのルール**さえ守れば１人でも使えます。あまり長くやると疲れるので、時間は30分前後が適当です。

Rule 1　批判厳禁

使えないアイデアでも、他のアイデアのヒントになるかもしれません。早計につぶしてしまうと、アイデアが広がっていかなくなります。アイデアの連鎖を途切れさせないよう、一切の判断を保留してどんどんアイデアを出していきましょう。

Rule 2 自由奔放

奇抜なアイデアの大半は、最終的には使われずに捨てられることになります。しかしながら、それがあるからこそ、思考の枠組みを打ち破り、新しい視点でテーマが見直せます。突飛なアイデアを奨励しましょう。

Rule 3 質より量

良いアイデアを出すことよりも、**たくさん出すことを目指せば、結果的にその中に良いアイデアが**見つかります。初めに出てくるアイデアは、ありきたりなものが多く、それらが出た後や出し切ったと思ったときに、良いアイデアが生まれてきます。

Rule 4 便乗歓迎

既に出たアイデアや他人のアイデアにつけ足したり、改善を加えたりして発想の連鎖をつくっていきましょう。要は、いきなりホームランを狙うのではなく、ヒットを積み重ねていこうという作戦です。

ただし、ブレストに向いたテーマがあります。「次の新製品は？」といった抽象的なテーマよりも、「働く若い女性にうける入浴剤の新製品は？」などの適度な制約がある具体的なテーマのほうが向いています。かといって、「A製品を発売するか否か？」といった、何かを判断をするテーマはふさわしくありません。

図2-3 ブレーンストーミングの4つのルール

批判厳禁
すべてのアイデアは何かの役に立ち、
出した時点では評価も批評もしない
Defer Judgement

自由奔放
突拍子もないアイデアを歓迎することで、
発想が広がりムードも明るくなる
Encourage Wild Ideas

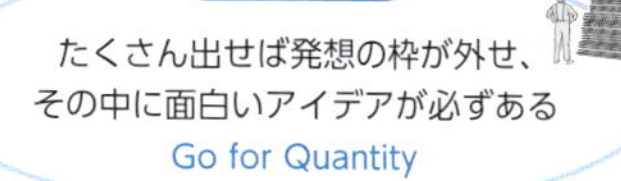

質より量
たくさん出せば発想の枠が外せ、
その中に面白いアイデアが必ずある
Go for Quantity

便乗歓迎
既存のアイデアからヒントを得て、
連想ゲームのようにアイデアを広げる
Build on the Ideas of Others

□実践のポイント

ブレストに限らず、集団でアイデアを出すときに気をつけないといけないことがあります。

誰かが長々とアイデアを説明していると、他の人が言い出せなくなってしまいます。ファシリテーター（進行役）がホワイトボードにアイデアを書いている間は、次のアイデアは出せません。どうしても待ち時間が生まれてしまって、個人の**生産性の低下**を引き起こしてしまうのです。

また、集団圧力がかかっているため、「こんなことを言うと笑われるかなあ…」とアイデアを披露するのを躊躇することもあります。「これは前に出たものと同じだし…」と勝手にアイデアを落としてしまうことも。**社会的抑制**と呼ばれる、集団が持つマイナス効果のひとつです。

さらには、アイデアをポンポン出す人がいると、残りはどうしても「あいつに任せておけばいいか…」とさぼりがちになります。**社会的手抜き**と呼ばれる現象で、**フリーライダー**（ただ乗り）が現れてしまうのです。どうやったら、こういったことを防げるのでしょうか。

たとえば、付箋を使えば生産性の低下はなくなります。同様に、T.ブザン

図2-4　マインドマップ

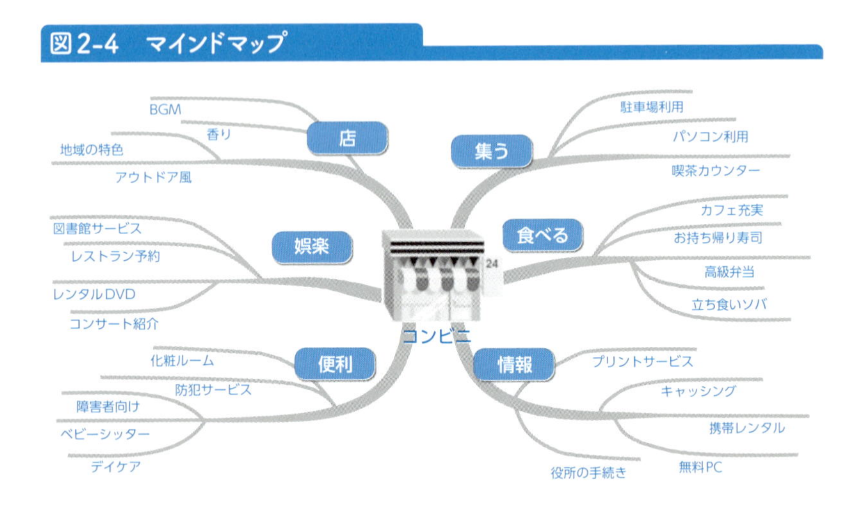

考案の**マインドマップ**でアイデアを記録すれば、格段にスピードアップが図れます。誰かが発言したときに「いいね！」「さすが！」とみんなでリアクションを返せば社会的抑制が減ります。発言を順番に回したり、アイデアの数にノルマを与えるのも良い方法です。

ブレストの４つのルールはとてもよくできています。ところが、こういったうまく使いこなす技がないと、威力が発揮できなくなる恐れがあるのです。

□これも知っておくと便利

集団が持つマイナス効果を減らすために考え出されたのが**ブレーンライティング**です。会話をせずにアイデアを出すことから「沈黙のブレスト」と呼ぶ人もいます。

６人のメンバーを集めてテーマを書いたシートを配ります。５分間考えてアイデアを３つずつ記入し、隣の人に回します。シートをもらったら、前の人が書いたアイデアをヒントにして、さらに３つアイデアを書き足します。そうやって連想ゲームを紙の上でやろうというのです。

一方、ブレストをやっているとアイデアが行き詰まってしまうことがよくあります。そんなときは、今あるアイデアにひねりを加えることを考えましょう。そのために役立つのがオズボーンの**チェックリスト**です。

視点を切り替える切り口をリストにして持っておきます。代用する、結合する、応用する、修正／拡大する、転用する、削除／削減する、逆転／再編集する、といったように。これらを今あるアイデアと組み合わせて、強制的にアイデアをひねり出すものです。

あるいは、こんな方法もあります。発想の枠を打ち破るために、今のテーマと正反対の課題（**アンチプロブレム**）の解決法を考えてみるのです。

たとえば、「若い女性にうける入浴剤」を考えているとしたら、「若い女性が決して欲しがらない入浴剤」でブレストをやってみましょう。もちろん、集まった最悪のアイデアは使い物になりませんが、逆をやれば元の課題の解決に役立つかもしれません。暗黙のうちに諦めていたアイデアや解決を阻む見えない壁に気づくこともあります。

参考文献：A.オズボーン『創造力を生かす』（創元社）
T.ブザン他『ザ・マインドマップ』（ダイヤモンド社）

No.8

アイデア展開

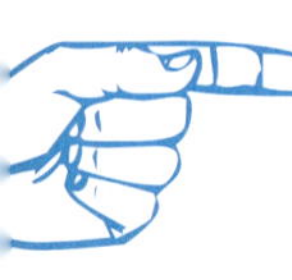

細かく分けてひねりを加える

大きな課題を前にして
新しいアイデアを出すのは簡単ではありません。
いくつかの切り口に分けて考えると、
アイデアが出しやすくなり、
検討のヌケモレも防げます。

□基本的な進め方

不思議なもので、まったく自由にアイデアを出せといわれると、かえって答えに窮してしまいます。漠然と考えるよりも、検討する範囲を狭く（具体的に）するほどアイデアが出しやすくなります。問題を細かくするほど発想しやすくなるのです。

この原理を利用した方法のひとつにR.クロフォードが考案した**属性列挙法**があります。**アイデア展開**の代表的手法として取り上げることにします。

Step 1 検討テーマを特定する

どんなテーマでも扱えますが、商品や技術など具体的なもののほうが考えやすくなります。例として、「どんな時計の新製品が開発できるか？」をテーマにしてみます。

Step 2 大ぐくりにテーマを分割する

まずはその問題が、どんな属性に分けられるかを考えます。このテーマなら、上野陽一が用いた名詞的特性（モノ）、形容詞的特性（性質）、動詞的特性（機能）の３分類が役に立ちます。必ずしもこの分け方でなければいけないわけではなく、後述するように、要素、機能、特徴、便益などテーマに応じて使い分けていきます。

Step 3 さらに細分化する

切り口をさらに細かく分解していき、もっと考えやすくします。たとえば、先ほどの３分類で言えば次のようになります。

・名詞的特性（モノ）：商品、用途、対象、材料、製法など
・形容詞的特性（性質）：形、色、デザイン、香り、味など
・動詞的特性（機能）：働き、動作、性能、メカニズムなど

Step 4 具体的なアイデアを考える

それぞれの視点において、何か改良できるところはないか、新しくつけ加えることはないか、具体的なアイデアを出していきます。こうすれば、考えやすくなると同時に、網羅的にアイデアが出せます。その上で、個々のアイデアに優先順位をつけて採用するものを選びます。

常にまったく新しいアイデアを考えようとするのは効率が悪く、現実的ではありません。既存のアイデアに少しひねりを加えたり、ズラしたりするだけでも、ユニークなアイデアに変身できます。それがアイデア展開による問題解決の考え方です。

図2-5　属性列挙法

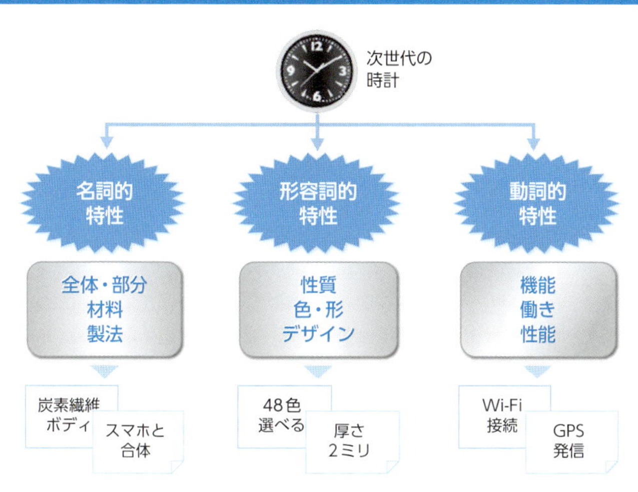

□実践のポイント

アイデアを細かく展開していくときに決め手となるのが、〈Step 2〉の大ぐくりの分類の仕方です。これをゴールデンカットと呼びます。

ここで役立つのがギャップ・アプローチのところで紹介した**フレームワーク**（➡P022）です。世の中でよく知られた切り口のセットの中で、テーマにふさわしいものを当てはめればよいのです。

ところが、無難な方法ではあるものの、ユニークなアイデアを出すには少し物足りません。人が思いつかないような斬新な切り口があったほうが、革新的なアイデアが生まれやすくなります。

といっても、大抵のことは多くの人が検討済みであり、新しい切り口を思いつくのは至難のワザです。であれば、とにかく思いつく切り口を片っ端から試してみて、その中で一番発想が広がるものを選ぶのが得策です。ブレストのところで述べた、量が質を生むという原理を活かすのです。

仮に、新しくレストランを開店するにあたり、何か個性的な料理を開発したいと思ったとしましょう。たとえば、こんな切り口が考えられます。

和 ＋ 洋 ＋ 中	前菜 ＋ 主菜 ＋ 後菜
内食 ＋ 中食 ＋ 外食	肉 ＋ 野菜 ＋ 魚
甘 ＋ 辛 ＋ 酸	材料 ＋ レシピ ＋ コック
生 ＋ 冷蔵 ＋ 冷凍	炭水化物 ＋ タンパク質 ＋ 脂肪
朝 ＋ 昼 ＋ 夕	焼く ＋ 煮る ＋ 炒める
皿 ＋ 鉢 ＋ 椀	パン ＋ メン ＋ ハン
下ごしらえ＋調理＋盛り付け	味 ＋ 香 ＋ 見た目

どれも既存の要素を並べただけで、それほど目新しいものではありません。ところが、既存の要素をたくさん知っていても、思い出せなければ意味がありません。頭の中にあるものをどれだけ思い出せるかが、アイデアを生み出す際の決め手のひとつになります。

□これも知っておくと便利

アイデアを出すというと、悪い点（欠点・不満点・マイナス要素）を見つけて直そうとすることがあります。これこそ**ギャップ・アプローチ**（➡P015）です。そのための**欠点列挙法**と呼ばれる手法も開発されています。

悪くはないのですが、どうしても現実的な“改善型”のアイデアになりがちです。それに対して、“改革型”の問題解決を目指すのが**希望点列挙法**です。

はじめに、「○○だったらいいな…」と検討対象への希望・理想・欲求などを、ブレストを使って洗い出します。出尽くしたところで整理・評価をして重要なものに絞り込みます。そうやって残った希望点に対して、もう一度ブレストをやって、問題を解決するアイデアを出していきます。

欠点列挙法も希望点列挙法もやり方は同じなのです。ところが、マイナス要素を挙げるのか、プラス要素を挙げるのかによって、場のムードも出てくるアイデアもかなり違ったものになります。

図2-6　希望点列挙法

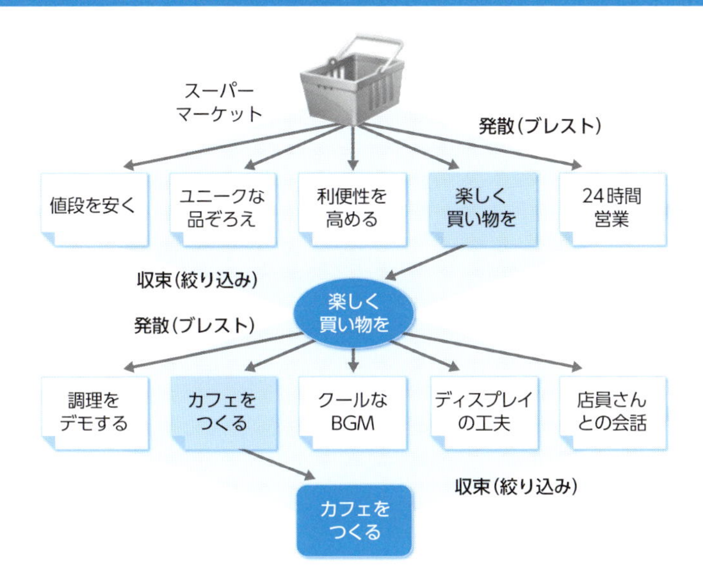

参考文献：高橋 誠『問題解決手法の知識』（日経文庫）

No. 9

結合発想

…………異なる要素を組み合わせる

異なる要素を強制的に組み合わせると、
普段はあまり考えない視点で物事が考えられます。
普通に考えればありえない、
意外な要素同士をうまく組み合わせれば、
革新的な発想が得られます。

□基本的な進め方

繰り返しになりますが、アイデアは既存の要素の組み合わせです。したがって、新しい組み合わせをすればするほど、斬新な発想が生まれてきます。その代表選手が、石井浩介らが開発した**シナリオグラフ**です。

Step 1 検討するテーマを決める

どんなテーマでも応用できますが、活用シーンに展開していくには、"経験"を伴うテーマが向きます。「スマホの新しいアプリを考える」といったようなものです。

Step 2 4つの視点で展開をする

それを考える切り口として、人（誰が：Who)、時間（いつ：When)、場所（どこで：Where)、対象（何を：What）を設定し、それぞれを5つ前後の選択肢に展開していきます。人であれば、子ども、警官、芸術家、カップル、ビジネスパーソンといったように。必ずしもモレなくダブリなく展開する必要はなく、思いつくものをどんどん並べてみましょう。

Step 3 組み合わせてシナリオをつくる

展開された要素を適当に組み合わせて、何か新しいシナリオ（物語）がつくれないかを考えます。たとえば、カップル＋就寝前＋京都＋叫ぶ、といった物語です。そこから、元々のテーマである、新しいスマホのアプリが開発できないかを考えるのです。一例を挙げれば、特定状況を選択すれば最適な愛のフレーズを教えてくれるアプリ、といったアイデアです。

Step 4 ベストなアイデアを選ぶ

そうやって片っ端から組み合わせを考えてアイデアをひねり出し、最後にもっとも優れたものを選びます。きっと、普段は思いつかない斬新なアイデアが出てくるはずです。

シナリオグラフでは、適当に要素を組み合わせるため、すべての組み合わせが調べられるわけではありません。それでは心もとないという方には**アイデアテーブル**というやり方があります。

具体的には、縦軸に人、横軸に場所を展開した表をつくって、その交わるところに思いつくアイデアを書いていきます。いわば総当たり戦です。こうすれば、しらみつぶしに要素の組み合わせができ、無意識に「これはありえない」と思って排除している組み合わせも検討できます。時間のある方はお試しください。

図2-7　シナリオグラフ

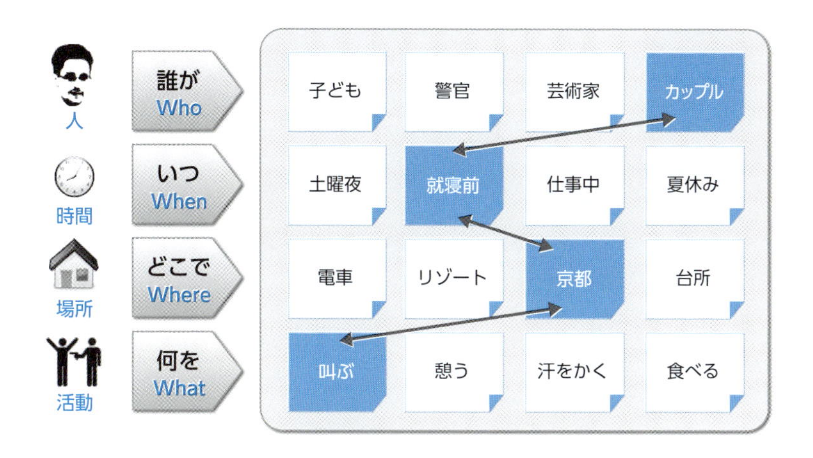

実践のポイント

結合による発想のポイントは組み合わせの妙です。意外な組み合わせをすればするほど、ユニークなアイデアが生まれてきます。そのために大切なのは、組み合わせる既存の要素を極端に振ることです。

先ほどの例で言えば、スマホと言えば若者を連想しがちです。それをまったく反対の熟年層に振ってみる。同様に活用シーンとしては、普段持ち歩いてというのが普通ですが、使わずに充電しているときに、と180度逆に振ってみる。

そうやって、これらの組み合わせを考えると、面白い発想が生まれるかもしれません。**マトリクス法**や**構造シフト発想法**と名づけられた方法です。

こういった組み合わせによる発想は、誰もが手軽に革新的なアイデアが得られるのが最大のメリットです。アイデア発想が行き詰まったときに、思考の枠組みをブレークスルーする力を持っています。

反面、下手をすると、突飛なアイデアばかりが集まり、「結局どれも使えない」となる恐れもあります。かといって、安易に切り捨てるのではもった

図2-8　マトリクス法

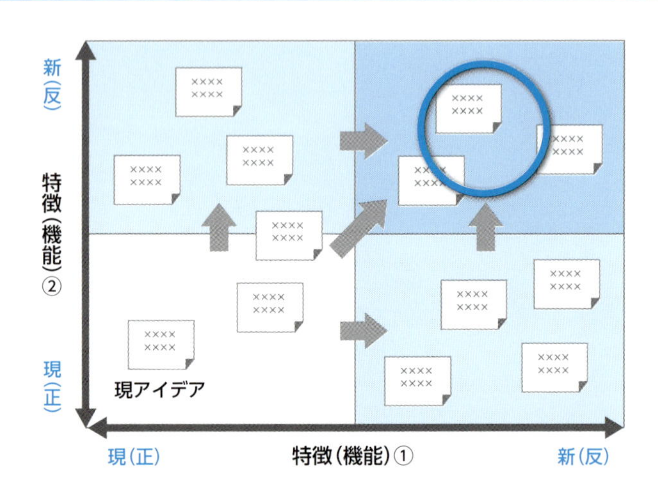

いない。それをヒントに連想を広げたり、突飛なアイデアにひねりを加えたり…。他の発想手法も組み合わせながら、意外性と実現性が両立した本当に使えるアイデアをつくり出していくようにします。

□これも知っておくと便利

結合による発想は、意外なアイデアが簡単に得られることから、数多くの手法が開発されています。

自由連想のところで紹介した**チェックリスト**（➡P053）も強制的に視点を組み合わせると考えれば、結合の一種ともいえます。似たようなものに、E.デボノが開発した**6つの帽子**があります。白（客観的)、赤（直感的)、青（肯定的)、黒（否定的)、黄（創造的)、緑（管理的）の視点を組み合わせ、多面的な視点で問題解決を図ろうというものです。

一方、一見無関係に見えるもの同士でも、無理に組み合わせると必ず何らかのつながりが見つかります。人には物事のつながりを見つけ出す**類推力**が備わっているからです。

たとえば、売上のアップ策を考えているときに、これに組み合わせる無関係なものとして「動物園」を選びます。動物園から連想されるものをできるだけ列挙し、元のテーマに応用できるものがないかを考えるのです。**焦点法**と呼ばれる方法です。

さらにこの作業を、組み合わせる言葉をどんどん入れ替えながらやるのが**刺激ワード法（強制類推法）**です。発想の刺激になりそうな言葉を書いたカードを大量に用意します。動物園、メガホン、化粧、アフリカ、織田信長…といったように、何でも構いません。カードをランダムに1枚引いて、テーマに関連して連想されるアイデアが出せないかを考えます。

カードが用意できないときは、発想の刺激となるワードを集めた一覧表を用意して、その中からランダムに刺激ワードを決めるようにします。いずれにせよ、刺激となる言葉は最低でも100語、できれば数百語くらいは集めたいところです。面倒なら、大きな辞書や百科事典を持ち出して、パッと開いて目についた言葉を無作為にピックアップする手もあります。

参考文献：前野隆司他『システム×デザイン思考で世界を変える』（日経BP社）
M.マハルコ『アイデア・バイブル』（ダイヤモンド社）

No. 10

類比発想

他からヒントを得る

一見無関係に見えるもの同士でも、
そこで働く原理は同じかもしれません。
アナロジー（類比）を使って
原理を他に転用すれば、
普段は思いつかないユニークな発想が得られます。

□ 基本的な進め方

意外に知られていませんが、鍋料理で人気の「しゃぶしゃぶ」は大阪が発祥の地です。仲居さんが汚れた布巾をお湯につけて洗っていた様がヒントになったと言われています。

このように、布巾と鍋という一見関係のなさそうなものでも、見方を変えれば結びつけられます。この法則を見出したW.ゴードンは、**シネクティクス**と名づけました。**アナロジー**（類比）によって、原理を他に転用しようという考えです。

そのやり方を、発案者・中山正和の頭文字をつけた**NM法**で説明します。類比発想をシステマティックにやれる優れた手法です。

Step 1 テーマをキーワードに分解する

「新しいレストランをデザインする」といったように、検討するテーマ（TM）を決めます。検討対象が持っている本質や機能を考え、いくつかのキーワード（KW）に分解します。レストランであれば、「食べる」「くつろぐ」「語り合う」といったように。

Step 2 類似の事例を探し出す

それぞれのキーワードに対して、アナロジーとして使える事例（QA）を挙げていきます。「くつろぐ」という目的を考えるなら、家庭や公園も同じような機能を持っています。このときに、絵にしておくと、イメージが湧きやすくなり、次のステップで発想が広がります。

Step 3 類似事例の原理を明らかにする

類比の対象が見つかったら、そこで何が起こっているか、どんな働きをしているのかを考え、原理や構造を明らかにします（QB）。たとえば、家庭がくつろげるのは、住み慣れたところだったり、親しい人がいるからだったりするからです。

Step 4 原理を元のテーマに応用する

慣れたところならくつろげる。だったらその原理を使って元の問題が解決できないでしょうか。マイ食器を用意する、「お帰りなさい」と声をかける、味の好みを覚えておく、といった具合に。先ほど挙げた原理を、元のテーマに応用するとどうなるかを考えるのです（QC）。そうやってさまざまなアイデアを出し、取捨選択しながら具体的なアイデアへと落とし込んでいきます。

図2-9 NM法

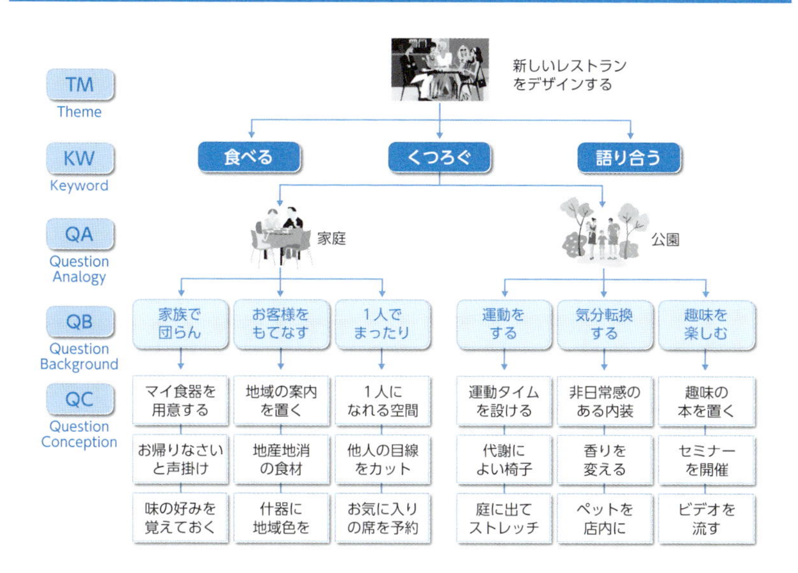

□実践のポイント

類比発想の成否はアナロジーの置き方にかかっています。NM法で言えばStep 2（QA）のところです。

あまりに近いものだと発想が広がらず、かといって遠すぎると考えにくくなります。洗濯と肉料理でしゃぶしゃぶが生まれたように、一見遠いように見えて意外な共通点がある、というくらいがちょうどよい加減です。

同じような原理・機能・働き・性質を持つものはないか、このテーマを何かにたとえられないか…。何度も問いかけながらアナロジーとして使えるものを幅広く探していきましょう。

具体的には、どんなものがアナロジーとして使えるのでしょうか。前述のW. ゴードンは３種類のアナロジーを提唱しています。「積み重なる在庫を削減するには？」という問題を解決する場合を想定すると、こうなります。

１）直接的類比（Direct analogy）
　似たようなモノや事例をヒントにして考える
　→ダイエット、道路の渋滞、ゴミ問題など→在庫の見える化
２）擬人的類比（Personal analogy）
　自分がテーマ自体になったつもりで考えてみる
　→在庫は皮下脂肪みたいなもの→新陳代謝を高めていく
３）象徴的類比（Symbolic analogy）
　象徴的な言葉やイメージをもとにして発想する
　→断捨離、フリーター、やる気スイッチなど→在庫の量を競わせる

中にはこういったアナロジー発想が苦手な人がいます。そういう人には、本当のテーマを知らせずに、「余分なものをそぎ落とすにはどうしたらよいですか？」と、やや抽象的なテーマでブレストをしてもらう手があります。

そうやっていくつかアイデアを集めてから、その原理が在庫削減に応用できないかを考えるのです。これが考案者の名を冠した**ゴードン法**です。

□これも知っておくと便利

比喩やアナロジーは直感的なものです。直感的に「雰囲気が似ている！」「これ、何となく使えそう！」とひらめくところに新たな発想の種があります。

そう考えると、アナロジーの対象は「なんか似ているような気がするなあ…」と思えるようなものなら何でもOK。実際に、絵や写真をもとにひらめきを生み出す、**ピクチャーカード**と名づけられた方法があります。

写真や絵を印刷した大量のカード（シート）を用意して、机の上や床に並べます（クリップフォトやアート系の絵ハガキを使うのが便利）。検討するテーマを告げたら、各自のイメージに一番合ったり、何となく惹かれる絵を1枚選んでもらいます。

その後で、選んだ理由を（無理にでも）説明してもらい、それが解決アイデアを示唆していないかを考えます。無意識に選んだように見えて、そこに何らかのつながりが隠れており、それが発想のトリガーになってくれるわけです。

これを絵（イメージ）ではなく、リアルな物品でやる**モノ語り**と呼ばれる手法もあります。ホームセンターや100円ショップなどで売っている日用品を卓上にたくさん並べ、直感的にイメージに合うものをひとつ手にとって感触を楽しみ、そこから浮かんだアイデアを披露し合います。

さらには、夢で出てきたシーンを発想に活かしたり、散歩や旅行で見つけたものをヒントにしたり、やろうと思えば何でもアナロジーとして使えます。大切なのはアイデアをとことん考え抜こうという姿勢であり、それさえあれば何からでも発想のヒントは得られるのです。

図2-10　ピクチャーカード

参考文献：中山正和『増補版 NM法のすべて』（産能大出版部）
D.シベット『ビジュアル・ミーティング』（朝日新聞出版）

No. 11

ブレークスルー思考

……………思考の壁を打ち破る

物事を少しずつ着実に
改善・改良していくのではなく、
今まで障害となっていた壁を一気に突破し、
既存の枠組みから大きく飛躍するような
革新的なアイデアを得ることを目指します。

□基本的な進め方

私たちは問題の壁にぶち当たったときに、少しずつ工夫や改善を加え、漸新的に解決しようとします。それは間違いではないのですが、難しい問題や行き詰まった状況では、壁を一気に突破する革新的なアイデアが求められます。それがブレークスルーです。実際に、ブレークスルーの連続によって科学技術は進歩してきました。

G.ナドラーが提唱する**ブレークスルー思考**は、現状からの積み上げで物事を考えるのではなく、理想から演繹的に改革案をつくり出すところに特徴があります。**ワークデザイン法**というカタチにまとめられているのですが、手続きがとても細かいので、ブレークスルーを起こす大まかな手順だけを説明しておきます。

Step 1 アイデアを出す対象を決める

検討対象となる機能や目的を決めます。ここでは「書店の売上アップ策」を考えることにします。

Step 2 目的を系列化してターゲットを決める

次に書店の目的を考えます。言うまでもなく「本（書籍・雑誌など）の購入」です。では、本を購入する目的は何でしょうか。そうやって、小目的（買う）→中目的（探す）→大目的（知的興味を満たす）と、どんどん目的をさかのぼって系列化します。その上で、どのレベルの目的で検討するか、着眼点を決めます。たとえば「本を探す」といったように。

Step 3　理想システムを描く

設定した目的（本を探す）のさらに上位の目的（知的興味を満たす）を達成するための理想案や理想システムを考え、それらを整理した上でいくつかの代替案（旅に出る、人と会うなど）にまとめます。

Step 4　理想案を導き出す

これらの代替案を評価して、通常の状況で使えるアイデアを考えます。たとえば「旅に出る」なら「小説の舞台となった場所に行くツアーを企画する」といったように。

Step 5　具体案と実行計画をつくる

その案を実施できるよう、うまく成果が上がるように、具体案に落とし込み、実施に向けて詳細な計画をつくります。ここまでくれば、あとは実際にやってみて結果を評価して、アイデアに変更を加えることを検討していくことになります。

図2-11　ブレークスルー思考

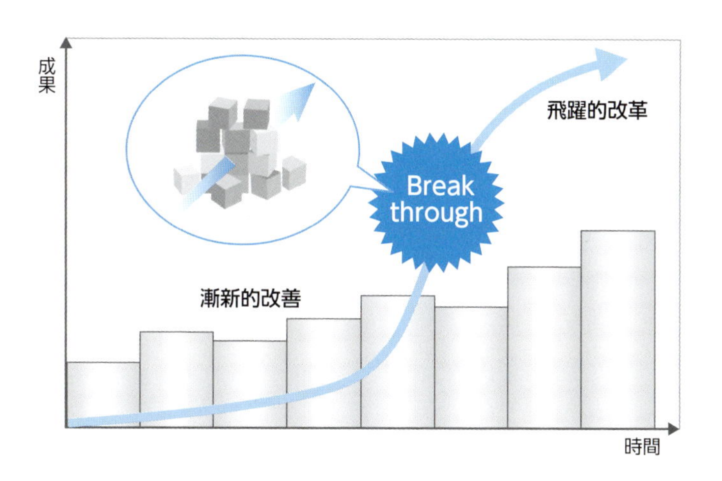

□実践のポイント

ここで紹介した流れは、前述のナドラーが提唱するブレークスルー思考の**7原則**から生まれています。いずれも示唆に富んだ重要な原則であり、どれかひとつを守るだけでも創造性が高まってきます。

原則1　独自性（ユニーク"差"）の原則

安易に過去や他人の成功事例を真似ようとせず、ユニークな（独自性のある）目的や解決策を追求します。

原則2　目的（展開）の原則

本来何を解決しないといけないのか、本質的な目的をさかのぼって問題を再定義し、特定解を見つけ出すことが大切です。

原則3　理想システム（先の先から見たあるべき姿）の原則

過去や現在から問題を考えたのでは革新的な発想は生まれてきません。未来にあるべき理想的な姿からアイデアを考えることです。

原則4　システムの原則

問題は他の問題と絡み合っていて分割はできません。全体性と関係性に注目したシステムの視点で考えなければいけません。

原則5　必要（目的"適"）情報収集の原則

大量の情報集めに時間と労力を費やして一般解を求めるのではなく、的を絞った少ない情報から特殊な解決策を生み出していきましょう。

原則6　関係者関与（参画・巻き込み）の原則

重要な情報は人が持っています。関係者を防御的にさせず、理想や目的を語り合う中で、変革の智恵とやる気を共振させていきます。

原則7　変革継続（継続変革）の原則

問題は常に変化しており、変革は継続的におこなわなければいけません。うまくいったことも必ずもっとよくできます。

ブレークスルーという観点で見たときに特に重要なのは原則2です。**現状**

改善型ではなく、「そもそも何をすべきか？」を考える**未来創造型**で考えるからこそユニークな発想が生まれてきます。

７つの原則のうち２（問題の再定義）については第６章 (➡P153)、４（システム思考）については第５章 (➡P127)、６（関係者関与）については第７章 (➡P179) と関わりが深く、詳しくはこちらを参照してください。

□これも知っておくと便利

原則２を考えるのに重宝するのが**バリューグラフ**です。ちょっとしたアイデア出しでも活用できる便利なツールです。

何かのアイデアを思いついたとしても、それが必ずしも最適なものとは限りません。同じ目的や価値が、他のもっと良い方法でも提供できる可能性があるからです。

そんなときは、「何のためにそうするのか？」と目的をさかのぼった上で、「それは、どうやったら実現できるのか？」代替方法を考えていきましょう。ハシゴを上下することで、思い込みやこだわりから自由になり、最適な解決策が見つかるようになります。

図2-12　バリューグラフ

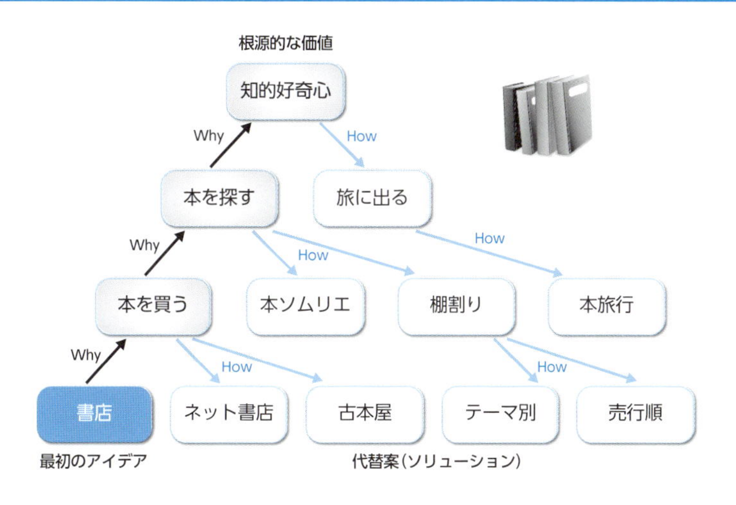

参考文献：G.ナドラー、日比野省三『新・ブレイクスルー思考』(ダイヤモンド社)

No. 12

デザイン思考

……………イノベーティブな発想を生む

単にモノやカタチを設計するのにとどまらず、
問題となっている経験そのもの（コト）を
デザインすることを通じて、
より良い解決に向けての
イノベーションを創造していきます。

□基本的な進め方

問題解決のためのイノベーションを起こす手法として注目を集めているのが**デザイン思考**です。

デザインと聞くと、多くの人は「モノ」「カタチ」「意匠」などを連想しがちです。これらはデザイン思考でも扱いますが､本質は「コト」「経験」「関係」といった人間を中心にしたイノベーションを考えるところにあります。その本家本元であるスタンフォード大学dスクールのアプローチに沿って手順を解説します。

Step 1 共感（Empathize）

共感とは、アイデアを出す対象となる人々が感じていることを、同じように感じることです。具体的には、同じ環境に身を置いたり、対象の行動を観察して記録します（**エスノグラフィー**)。あるいは、物語（**ストーリー**）を聞くことで疑似体験をします。そうやって､問題解決のヒントとなる洞察（**インサイト**）を得ていきます。

Step 2 問題定義（Define）

そうやって集まったインサイトを手がかりにして、誰にどんなニーズがあると思われるのか、着眼点を明らかにします。その潜在的なニーズを満たすことが、解決すべき問題であると再定義します。ここが、デザイン全体の方向性を決める重要なステップです。

Step 3 創造（Ideate）

その課題を「〇〇するにはどうすればよいか？」と問い直して、**ブレスト**（➡P050）をします。ここでは４つのルールを守ることを忘れないようにしましょう。アイデアが集まったら、新規性、有用性、実現性といった尺度で評価して、候補となるアイデアを絞り込み、基本コンセプトをつくります。

Step 4 試作（Prototype）

プロトタイプとは、アイデアを見たり試したり、経験できるようにしたものです。どうせ失敗するなら早くしたほうが得です。つくっていく過程でひらめきが生まれることも少なくありません。あまり大げさに考えず、気軽に試作して、アイデアの妥当性を検証しましょう。

Step 5 体験（Test）

プロトタイプを対象者に体験してもらい、その様子を観察します。さらに感想や理由をインタビューして、それらをもとに振り返りをおこない、アイデアにフィードバックしていきます。このサイクルを何度も素早く回しながら、革新的なアイデアを生み出していきます。

図2-13　デザイン思考

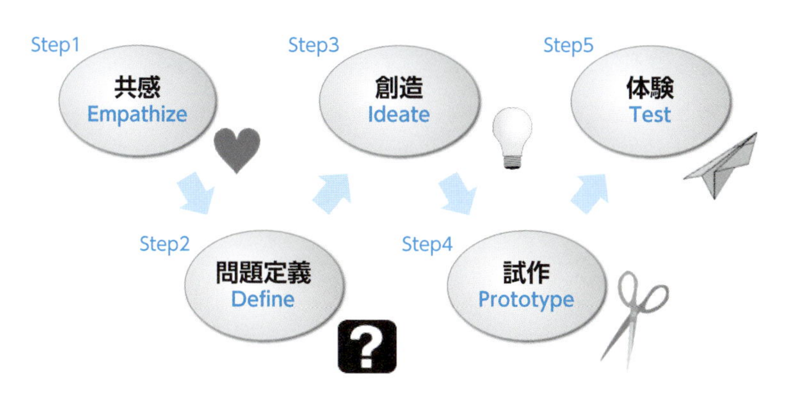

出所：「デザイン思考家が知っておくべき39のメソッド」（スタンフォード大学）

□実践のポイント

デザイン思考のキーワードのひとつは経験です。

一例を挙げると、カメラの新製品を考えようとすると、どうしても性能や機能に目が行きがちになります。そうではなく、「思い出を記録する」という経験をデザインし直そうというのがデザイン思考です。

そうすることで、まったく新しいカメラの機能や写真の新サービスが発案されるかもしれません。写真以外の分野でのビジネスが生まれるかもしれません。デザイン思考がイノベーションの方法論だといわれる理由です。

そのため、実際の手順においても、エスノグラフィー、ストーリーテリング、プロトタイピングなど、常に経験を大切にします。

たとえば、エスノグラフィーは、客観的なデータを集めて統計的に分析してニーズを割り出す市場調査とは対極にあります。「誰が、どうやって、なぜやったか？」事実を丹念に記録しながら、主観的に感じたことから洞察を見つけ出してきます。

また、デザイン思考では「早く失敗して、たくさん学ぶ」ことを奨励します。そのためにプロトタイピングのステップが設けられています。

ここでいう試作とは、アイデアを承認してもらうために、精緻なモノをじっくりつくるのではなく、試行錯誤するために、アバウトでよいからスピーディにつくります。考えるためにつくり、つくりながら考えるのです。

デザイン思考は、個々で用いる技法に特別なものがあるわけではなく、やっていることを見ているだけでは、どこが新しいのかよく分かりません。デザイン思考という考え方や思想に革新性があり、そのことを理解せずにやると、期待する効果は得られにくくなってしまいます。

それと、もうひとつ忘れてはいけないのがチームです。どんな手法も同じですが、最終的にアイデアを出すのは人です。多様なバックグラウンドを持ったメンバーを集め（ときには素人や異分子も大歓迎）、しっかりとチーム・ビルディングをやらないと創発効果は生まれてきません。人と人を新しくつなぎ直すところに秘密があります。

□これも知っておくと便利

デザイン思考を特徴づけるのはプロトタイピングのステップです。従来は、パワーポイントなどを使ってアイデアを説明したのに対して、対象が実際に経験できるようにアイデアを表現していきます。

代表的なやり方に次のようなものがあります。アイデアの種類に応じて最適な方法を選ぶようにしましょう。バーチャルでやるよりも、できればリアルなものをつくったほうが、経験が深まります。

- カタチにする：モデル、レゴ、ジオラマ、デザイン・ザ・ボックス
- 演劇で表現する：スキット、インプロ、エレベーターピッチ
- PR物にする：イメージカタログ、ポスター、CM、ロゴ
- イメージ化する：グラフィック、コラージュ、スライドショー
- 物語にする：ストーリーボード、未来新聞、ニュース

図2-14　プロトタイピング

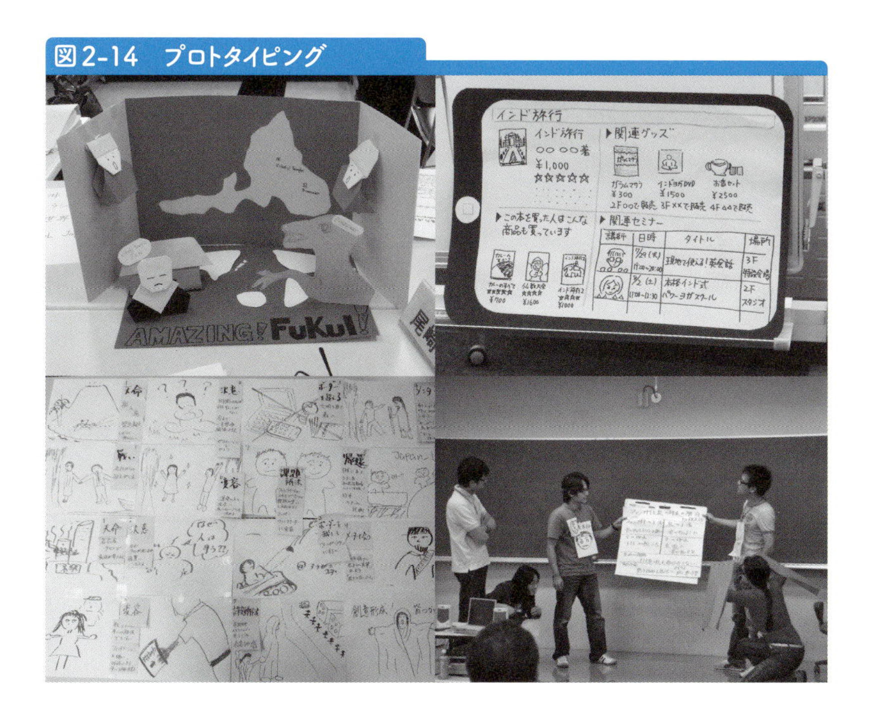

参考文献：T.ブラウン『デザイン思考が世界を変える』（早川書房）
　　　　　V.クーマー『101デザインメソッド』（英治出版）

Column 2

アイデアの種はどこにでもある

既存の要素を頭の中にインプットすればするほど、生まれるアイデアが増えていくことは、既に説明しました。では、忙しい毎日の中でどうやって効率的に情報収集をすればよいのでしょうか。

そこで活用したいのが「カラーバス」(Color bath)効果です。何かを意識することで、関連する情報が無意識に飛び込んでくる現象を指します。

たとえば、「今日のテーマカラーを赤」と決めて街を歩くと、普段は気づかない赤い物がたくさん目につくようになります。人は客観的に物事を見ているのではなく、見たいものを主観的に見ているわけです。「知覚の選択性」と呼び、色以外でも同じ現象が起こります。

つまり、情報集めで大切なのは、漫然と対象を眺めるのではなく、課題、目標、関心といったテーマをしっかりと持つことです。そうやって、顧客に接したり、街や自然の中を歩いたりすれば、驚くほど豊かな情報が得られるはずです。

さらに、あるものを見つけるだけでなく、「変化と兆し」を見つけることも発想のヒントにつながります。①過去にあって今も変わらずにある「不変のもの」、②過去にあったのに今は「なくなってしまったもの」、③過去になかったのに今はある「新しく現れたもの」、④過去になく今もない「未知のもの」を探すのです。

あわせて「なぜなくなった(現れた)のか?」理由を探ると、そこに世の中の大きな変化の波が見えてきます。ミクロな変化はマクロな変化を示す格好のサインでもあるのです。

そういう意味では、「特異点」を探すのも手です。例外の出来事、非常識な人、特殊な経験、意味不明な事件といった平均や代表から大きく外れたものを探すのです。何かの変化の予兆かもしれず、見逃す手はありません。

このように、アイデアを生み出すネタを集めるにも、それなりの方法があります。それさえ身につければ、特別なことをしなくても、毎日の経験の中に情報はたくさん落ちています。そして、「アイデアの秘訣は執念である」(湯川秀樹)ことをお忘れなく。

第3章

合理的決定アプローチ

最適な解決策を選び取る

13　プロコン……物事を相反する面から考える

14　ハイ・ロー・マトリクス……効率の良いアイデアを選ぶ

15　意思決定マトリクス……もっとも合理的な選択肢を探す

16　ディシジョンツリー……期待される結果で判断する

事例3

なぜ、いつも貧乏くじを引いてしまうのか？

押しつけ合っていても仕方がありません。この件はウチが一肌脱いで、何とかしましょう。Cさんは、そう言ってしまってから、過去に同じような場面に遭遇したことを思い出しました。

今日は、業界団体に所属する15社の代表が集まって来年度の広報活動の具体策を検討する日です。事務局から斬新なプランが提案されたのですが、やるとなると結構大変。どこかの会社が貧乏くじを引いて牽引役をやらないと、とても実現できそうにありません。

どの会社も、ただでさえ忙しいのに、やっかいな「火中の栗」を拾いたくありません。二の足を踏んで言い訳や逃げ口上を口にするなか、業を煮やしたCさんが泥をかぶることを宣言したのでした。

もちろん、Cさんにも考えがないわけではありません。損な役回りであったとしても、やっていく中で何か得るものがあるはず。そもそも自分はズボラなたちで、こういう機会でもないと面倒な仕事に挑戦しようとしない。自分を変える良い機会ではないか。大きな荷物を背負い込むことになるが、頑張ればどうにかなるだろう。そう考えて手を挙げたのでした。

ところが、その直後に、フラッシュバックのように脳裏をよぎったのは、3年前のPTA会長を決めるときの光景です。あのときも、「自分がやるしかない」と決断したものの、後でとんでもない目に遭いました。

次から次へと難題が降りかかり、仕事場だろうが日曜日だろうが、父兄から緊急連絡がひっきりなし。そのせいで仕事は滞り、家庭は夫任せ、「PTAはコリゴリだ！」と1年で会長を降りたのでした。

そう思って、過去を顧みると、自宅を買うときもそうでした。もっとよく考えておけば、こんなにローンで苦しむこともなかったはず。良かれと思って選んだのですが、悔やんでももはや後の祭りです。結婚や進路もそうです。今から思えば別の道もあったのではないか…。

ひょっとすると、またとんでもない見込み違いをやらかしたのかもしれません。なぜ私は、いつも貧乏くじを引いてしまうのか？　参加者の安堵した顔とは裏腹に、みぞおちの辺りが冷たくなるのを感じたのでした。

選択を間違えると、とんでもないことに

私たちの人生は選択や決定の連続です。いま皆さんがされている仕事や勉強もその積み重ねの上にあります。この本を読んでいるのも、何らかの選択や決定によってなされたものです。

ましてや多くの人が関わる組織活動は、意思決定の連鎖によってなされます。そう考えるのがH.サイモンによる**意思決定モデル**です。

つまり、より良い問題解決をするには、より良い意思決定をしなければなりません。いくら問題の分析がうまくいっても、どれほど素晴らしいアイデアをたくさん考え出しても、最後の意思決定がまずいとすべて水泡に帰してしまいます。

要するに、なぜ問題が解決しないかと言えば、適切な決定（選択）をしていないからです。

そうならないよう、いろんな角度から問題やアイデアを徹底的に吟味して、最良の判断をしていく。それが**合理的決定アプローチ**です。いつも貧乏くじを引いてしまう方、安易な選択をして後悔ばかりしている方、何度も同じ失敗を繰り返す方などにお勧めのアプローチです。

図3-1　意思決定のピラミッド

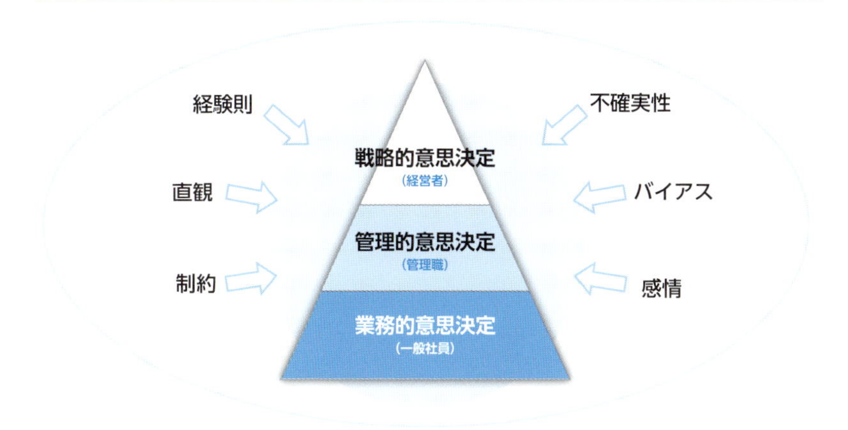

ところがこれは、「言うは易し、行うは難し」です。人間は、それほど合理的ではないからです。

私たちは常に判断や決定を続けており、1つひとつゼロベースで考えていたのでは時間がいくらあってもキリがありません。大抵は過去の経験やそこから生まれた直観によって処理してしまいます。これを**ヒューリスティック**による判断と呼びます。経験則によって決定の手間を省いているのです。

これは決して悪いやり方ではありません。ほとんどの場合、それでうまくいきますし、そうでなければやっていられません。

しかしながら、それに頼ってばかりいると、同じような判断を繰り返すようになります。簡単に判断できる反面、都度正しい判断をしている保証もありません。**バイアス**（➡P044）が入り込む危険性もあります。

複雑な問題になればなるほど、考えるのが面倒になって、直観に逃げていきがちになります。それが端的に現れたのが事例3の貧乏くじの話です。

▢最適化原理か満足化原理か？

もっと言えば、最適な決定をしようとしているかどうかも、怪しいものがあります。

たとえば、自宅を購入しようとしたら、どんな決め方をするでしょうか。

図3-2 意思決定の2つの原理

最適化原理

候補	環境 ×3	交通 ×2	価格 ×2	安全 ×1	利便 ×1	合計
A案	6	6	6	6	6	54
B案	10	5	1	1	5	48
C案	1	10	1	8	10	43
D案	3	1	10	8	6	45
E案	3	3	5	10	3	38

満足化原理

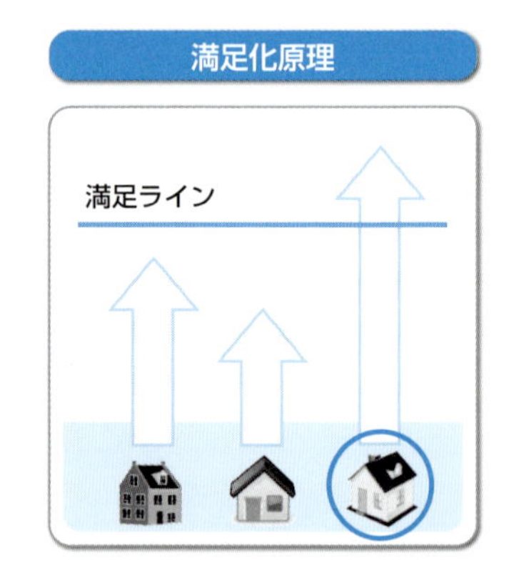

希望する条件をすべて洗い出し、候補となる物件の情報をできるだけ集め、家族会議を開いて各自の要望に優先順位をつけ…という手順を踏むのが理想的。本当に、そんな手間のかかることをやるでしょうか。

何となく「こんな家がいいなあ…」とイメージを頭に描きながら物件を見て回る。そのうち、「まあ、これなら」とある程度満足できるものが見つかった段階で、家探しをやめる。就職にしても結婚にしても、人生の一大選択とはいえ、せいぜいそんなところではないかと思います。

前述のサイモンは、前者を**最適化原理**、後者を**満足化原理**と名づけました。組織内での意思決定にしても前者でやることは少なく、大抵はみんなで話し合う中で「これなら全員がある程度折り合える」という案で落ち着くのが通例です。理想的には最適化原理を使うべきなのでしょうが、実際には満足化原理で十分であり、常に最善の選択を求めているわけではないのです。

□限定合理性を打ち破ろう!

なぜ、私たちはダメだと分かっているのに、そんないい加減な決定をしてしまうのでしょうか。

ひとつは、時間や労力に限りがあるからです。どのみち、いくらやっても、必要なすべての情報を集めることはできません。選択肢（アイデア）にしても、ありとあらゆるケースを考えていたのでは、時間がかかって仕方がありません。普通は不十分な情報の中で判断を迫られます。

しかも、私たちは未来に向けて決定をします。過去や現在の情報は集められても、未来のことは誰も分かりません。不確実性のあるなかで、物事を決めないといけないのです。

つまり、限られた不確かな情報のなかで決定せざるをえず、合理的といっても限りがあるのです。これを**限定合理性**と呼びます。

だからといって、「やってみないと分からない」と考えるのを諦めるのは早計です。安易な決定に逃げ込んだり、リーダーに決断を委ねるのは危険すぎます。限定合理性は承知の上で、どれだけ合理的に判断ができるかが問われます。本章ではそのための代表的な手法を紹介していきます。

No. 13

プロコン

……物事を相反する面から考える

**意思決定をする際に、
物事を相反する2つの側面から見て、
判断に必要な要素を洗いざらい出し、
相互に比較して決めるようにすれば、
判断の偏りや歪みを排することができます。**

□基本的な進め方

合理的に決定する際に、もっともシンプルでパワフルなのが、相反する2つの側面で考えることです。裁判が検察側と弁護側に分かれて議論を戦わせるのも、できるだけ誤りのない判断をしようという考えからです。

そのときよく使うツールに**プロコン**があります。プロ（Pros）とは賛成、コン（Cons）とは反対という意味です。イエスかノーか、どちらかを選ばなければいけないという**二項対立**の問題で威力を発揮します。

Step 1 フレームを用意する

ホワイトボードや大きな紙の真ん中に縦線を描いて、上部にプロ／コンといった見出しを打ちます。プロ／コンでなくても、プラス／マイナス、メリット／デメリット、強み／弱みなど、二項対立の図式になっている**フレームワーク**（➡P022）であれば、何でも構いません。

Step 2 各々の要素を洗い出す

フレームができたなら、両方の意見をどんどん出して、ポイントを箇条書きしていきます。

やり方は2通りあって、賛成なら賛成の意見を出し切ってから、反対の意見を出す方法があります。1つひとつキッチリと片づけられ、切り口から物事を考える、論理的な思考の人に向きます。

もうひとつはランダムに思いつくものを出して、その都度振り分けていくやり方です。先ほどとは逆に、創造的な思考の人に向き、自由に意見が出せるのが有難いです。いずれの場合も、一通り出た後で、ヌケモレがないかチェックするようにします。

Step 3 見比べて判定をする

できあがった表を見比べて、プラスとマイナスどちらが優勢かを判断して、勝ったほうを決定事項とします。判定のやり方にはいくつかあり、詳しくはあとで説明します。

プロコンを会議などの集団の意思決定の場面で使うときは少し注意が必要です。賛成派は賛成の意見だけ、反対派は反対の意見だけを出しがちになり、対立を煽ってしまう恐れがあるからです。

裁判のような場面なら、それでもよいのですが、逆の立場で考えることで気づくこともあります。最後の納得感まで考えれば、やはりどこかで相互乗り入れをしておきたいところ。賛成派にも反対意見、反対派にも賛成意見を出してもらうことをお勧めします。

図3-3 プロコン

【テーマ】 都会に暮らすべきか？

プロ(賛成)	コン(反対)
・学校や病院などが近くにある	・自然が少なくて息がつまりそうだ
△・買い物や通勤が便利である	○・人が多くてどこも混んでいて大変
・レジャー施設や娯楽が多い	・地価が高くて広い家に住めない
・いろんなイベントや集まりがある	・道路が混雑して車に乗れない
◎・欲しいものが何でも手に入る	・空気が悪く、水もおいしくない
・地方や海外に行くのに便利	・子どもを遊ばせるところが少ない
・仕事がたくさんあり転職が容易	・何をするのにもお金がかかる
○・最新の情報が手に入りやすい	△・犯罪や変質者が多く治安が悪い
・人づきあいが鬱陶しくなくて助かる	・地域の結びつきが弱くて心配

□実践のポイント

プロコンを使うポイントが2つあります。ひとつは、プラス面とマイナス面をヌケモレなく網羅的に出すことです。

ここで注意しなければいけないのは、絶対的なプラスやマイナスはない、という話です。たとえば、「地域の結びつきが希薄」というのは今では短所ですが、数十年前までは長所でした。置かれた状況によっては、マイナスだと思っていたことがプラスに変わるという話が大いにありえます。これを**リフレーミング**（➡P177）と呼びます。

それに、ある事柄をプラスと見るかマイナスと見るかは、見る人の気持ちによって変わってきます。だからこそ、弱みを転じて強みにする、といった逆転の発想が生まれてくるわけです。安易に、プラスとマイナスに振り分けるのではなく、「本当にプラスなの？」と問いかけ、どちらもありうるなら両方に入れておくようにします。

もうひとつのポイントは、賛否が出揃った後の決め方です。明らかにどちらかが有利であれば問題ありませんが、悩ましいのは拮抗しているときです。もちろん、数が多いほうが勝ちとはいきません。個々の項目の重要度（重み）が違うからです。

そのため、重要な項目がどちらに多いかで勝負をつけたり、◎○△×などの記号で評価したりするのが一般的です。集まった意見をいくつかの視点別にグループに分け、どの視点が重要かの優先順位をつけ、そこでの点数が高いほうを選ぶというやり方もあります。

あるいは、こんな方法もあります。ひとつの重要な賛成意見に対して、同じ重要度の反対意見を探して、双方とも消し込みます。同じレベルのものが見つからなければ、複数の意見で消し込んでいきます。こうすれば、最後に残ったほうが勝ちとなります。

どのやり方がよいか、一概には言えず、テーマと検討メンバーの状況に応じて使い分けるしかありません。

共通して言えるのは、どの方法をとっても、代替案まで含めて検討すると、意思決定の質は飛躍的に上がります。たとえば、マイナス面が挙げられていたとしても、何か別の方法で対処すれば消えてしまうかもしれません。やはり、安易にプラス・マイナスに振り分けるのは禁物というわけです。

□これも知っておくと便利

プロコンをやっているときに、現時点では良し悪しの判断はつかないものの、「何か気になる」という点が出てくることがあります。

たとえば、最終候補となった1軒の家を買うべきか、買わざるべきか悩んでいるとしましょう。そんなときに「近所に空き地がある」といった情報があっても、プラスかマイナスか分かりません。今は殺風景であっても、新しくコンビニが建って便利になるかもしれません。

このように、今は意味づけができなくても、後で大化けして重要なポイントとなるかもしれないものがあります。検討項目として考慮しておくのに越したことはありません。

こういった議論をやりやすくするフレームワークが、E.デボノが開発した**PMI法**（Plus/Minus/Interest）です。さらにもうひとつ「疑問点」を加えて４つにするやり方もあります。

図3-4　PMI法

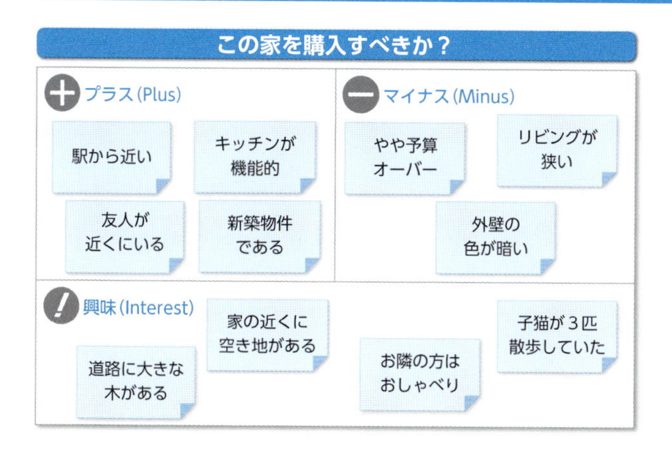

参考文献：堀 公俊、加藤 彰『ディシジョン・メイキング』(日本経済新聞出版社)

No. 14

ハイ・ロー・マトリクス

…………効率の良いアイデアを選ぶ

トレードオフの関係にある2つの軸で、
可能性のある選択肢をマッピングすると、
解決アイデアが整理できると同時に、
どこから取り組むべきか、
優先順位がつけやすくなります。

□基本的な進め方

ありとあらゆる選択肢を検討した上で、明快な基準で最良のものを選ぶ。合理的な意思決定をするために欠かせないプロセスです。

このうち、前半の選択肢の検討では、**創造的アプローチ**（➡P045）が役に立ちます。ここでは、後半の選択で力を発揮する**ハイ・ロー・マトリクス**を使った意思決定法を紹介していきます。仮に、業務の効率化策について議論していて、20個ほどのアイデアが集まったとしましょう。会議のゴールは、最善のアイデアを選ぶことです。

Step 1 フレームを用意する

ホワイトボードなどに縦横の２本の軸を描き、マトリクス図をつくります。縦は業務効率をアップさせる効果の軸（実効性）です。効果が大きい⇔効果が小さい、という評価尺度になります。

横軸は実行しやすさの軸（実現性）です。同じく、簡単にできる⇔難しい、となります。こうしてできあがった図を**ペイオフマトリクス**と呼びます。

Step 2 アイデアをマッピングする

出てきたアイデアをこのマトリクスを使って振り分けていきます。付箋にアイデアを書いて貼りつけていくと、分類がしやすくなります。

貼りつける位置は相対的なもので構いません。1つひとつ見比べてみて、ふさわしい位置にマッピングしていきます。

Step 3 アイデアに優先順位をつける

全部のアイデアがマトリクス上にマッピングできたら、最後に優先順位をつけていきます。

最初に取り組むべきは、効果が大きくて簡単にできるものです。まずは、この領域の中から具体策をいくつか採用して、業務の改善に取り組んでいきましょう。

次に優先順位が高いのは、効果が大きくて実現が難しいものになります。効果が出るまでに時間と労力がかかりますが、長期的に取り組んでいける方法を考えます。

一方、効果が小さくてすぐできるものは、つべこべいわず、明日からでもやってしまいましょう。やるかやらないかを議論するだけ無駄です。

最後に残った、効果が小さくて難しいものは、やる価値がありません。そんなことをやっている暇があれば、もっと効率の良いアイデアを考えるのに使うべきです。

図3-5 ペイオフマトリクス

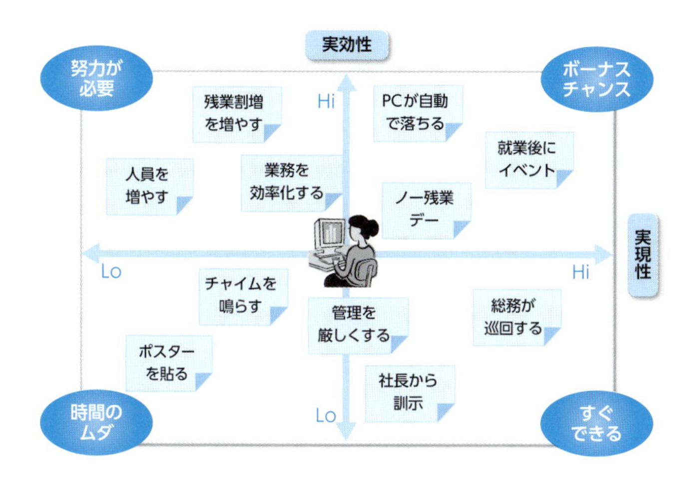

□実践のポイント

ハイ・ロー・マトリクスで扱えるのはせいぜい20～30個程度のアイデアです。それ以上アイデアが多い場合は、**ドット投票**（多重投票）で予備選抜をかけるようにします。

ドット投票とは、1人が3～5枚のシールを持って気に入ったアイデアに投票し、貼られたシールを数えて優劣をつけていく方法です。その際に、評価基準に応じてシールの色を変えると、なぜそれが選ばれたかが分かりやすくなります。**NUFテスト**と呼ばれる方法です。

①新規性（New）　：目新しさ、ユニークさ、特異性、差別性など
②有用性（Useful）　：改善効果、インパクト、持続性、即効性など
③実現性（Feasible）　：難易度、投資総量、開発期間、成功確率など

このやり方だと、どうしても主観的評価になりがちです。基準は同じでも尺度がバラバラなため、一貫性もありません。なので、検討する価値すらないアイデアを落とすための“予備選抜”に使うのがふさわしく、“最終選抜”にはハイ・ロー・マトリクスが向いているわけです。

ハイ・ロー・マトリクスを使う際に一番大切なのは、評価者間で尺度（レベル）を合わせることです。何をもって効果とするのか、実現のしやすさは何で測るのか、そこをすり合わせた上でやらないとやる意味がありません。

さらに、貼りつけるポジションをよく議論することです。4つの象限に振り分ければよいのではなく、相対的に正しいポジションはどこかを、しっかりと話し合うようにします。

もし、どこかに集中するようであれば、全体を引き延ばしたり、軸の設定を変えたりします。あるいは、アイデアが十分に出ていないのかもしれず、選択肢を出し直すのも一法です。

□これも知っておくと便利

ハイ・ロー・マトリクスは、軸を変えればいろんな使い方ができます。たとえば、業務改善を考えるのであれば、S.コヴィーが提唱した**重要度・緊急度マトリクス**が役に立ちます。重要度（業績への影響など）と緊急度（納期の余裕など）の２つの軸で仕事を整理していくものです。

改善のカギとなるのが、重要度が高くて緊急度が低い仕事です。スキルアップ、業務改善、関係づくり、新たな仕事への挑戦などです。ここを増やせば、他の仕事の緊急度が下げられ、重要度を優先して仕事ができるようになります。意識的に増やさないと、減ることはあっても増えることはありません。

もうひとつ例を挙げましょう。未来のあるべき姿を考える際に一番困るのは不確実性です。なかでも影響が大きい要因は注意しなければなりません。そこで未来の自分たちに与える要因を洗い出し、**不確実性**と**インパクト**のマトリクスで整理すると、将来への備えを合理的に考えられるようになります。

このように、２つの軸は**トレードオフ**（あちらを立てればこちらが立たず）の関係にあるほうが、そこから得られる知見が多くなります。

図3-6　ハイ・ロー・マトリクスあれこれ

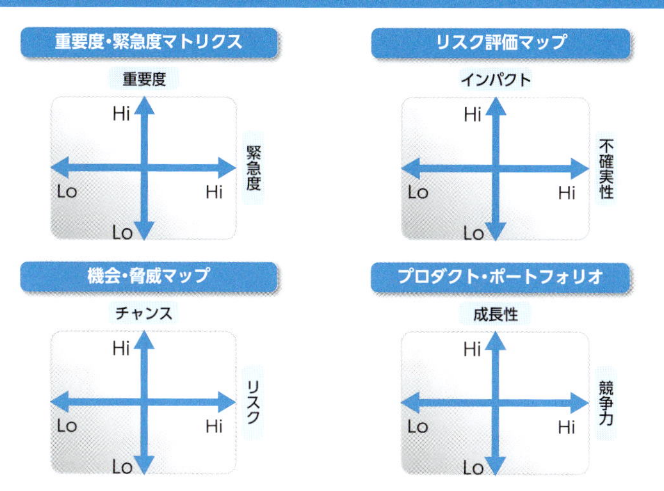

参考文献：D.ウルリヒ他『GE式ワークアウト』（日経BP社）

No. 15

意思決定マトリクス

……………もっとも合理的な選択肢を探す

意思決定に際しては、
可能性のある複数の選択肢を挙げ、
判断基準に重みをつけた上で評価して、
総合点でもっとも高いものを選ぶと、
合理的な結論が得られやすくなります。

□基本的な進め方

私たちは、ときに複雑な問題の決定を迫られることがあります。

たとえば、苦境に立たされた会社が生き残りの道を選択しようと思ったら、単純に費用vs効果で評価すれば事足りるわけではありません。将来性、波及効果、リスクなど、いろんな側面から考えないと後でひどい目に遭います。

人生においても、進学、就職、結婚、マイホームといった節目の選択は、大いに私たちを迷わせてくれます。いろんな要素を考慮せざるをえず、考えれば考えるほど、何をどう判断してよいか分からなくなります。

そんなときに役立つのが**意思決定マトリクス**です。仮に、新しい販売促進の戦略を考えているとしましょう。

Step 1 選択肢を挙げる

候補となる戦略のアイデアに番号や名前（プランAなど）をつけて列挙します。意思決定マトリクスでの評価は手間がかかるため、あまりたくさんの選択肢を扱うのは向きません。選択肢が多いときは、**NUFテスト**（➡P086）、**ハイ・ロー・マトリクス**（➡P084）などで予備選抜をかけて、5〜8個くらいまで絞り込むようにします。

Step 2 評価基準を挙げる

次に、それらの選択肢をどんな基準で評価するのか、評価項目を挙げていきます。効果性、実現性、新規性といったように。こちらもあまりに多いと面倒なので、10個以下に絞り込むようにします。複数の人間で評価する場合は、言葉の意味でもめないように、解釈を統一しておきます。

さらに、それぞれの基準の重要度を考えます。もっとも重要度の低い（高い）ものを基準にして、他がどれくらいの倍数になるのか、重みを設定します。効果性（×3）といったように倍数で表現するとよいでしょう。

Step 3 評価をする

縦軸に選択肢、横軸に評価基準を並べた表を用意します。両者が交わったところに、評価結果を書き入れていきます。点数（10段階評価）を入れるのが一般的ですが、○△×などの記号で入れるのでも構いません。後者の場合は、あとで数値に変換する必要が出てきます。

Step 4 最良の選択肢を選ぶ

評点がそろったら、それぞれの評価項目につけられた重みを掛けて足し合わせ、総合点を出します。その総合点の多寡でどの選択肢を選ぶかを決めるのが、一般的なやり方です。ここで大きく違和感がある場合は、評価項目や重みをチェックした上でもう一度やってみます。

図3-7 意思決定マトリクス

	効果性	新規性	実現性	親和性	安全性	持続性	合計
ウェイト（重み）	×3	×2	×2	×1	×1	×1	
プランA	1	10	1	8	9	4	46
プランB	10	5	1	1	5	7	55
プランC	6	7	5	6	7	6	61
プランD	3	1	10	8	6	3	48
プランE	3	2	5	10	3	2	38

□実践のポイント

意思決定マトリクスは、人間の感覚的な判断を避け、合理的な決定をサポートしてくれるものです。これをさらに精密にやる**AHP**（Analytic Hierarchy Process：階層的意思決定法）という方法も開発されています。

ただし、これらはあくまでも考えるためのツールであって、正解を教えてくれるわけではありません。合理的な判断になるかどうかは、その使い方によります。

ポイントのひとつは重みのつけ方にあります。それによって評価結果が大きく変わってくるからです。

AHPで提唱している方法もあるのですが、計算が面倒であり、たとえそれをやっても感覚的なものから抜け出ることはできません。「何が本当に重要なのか？」「何を大切にしたいのか？」をよく考え、納得のいく倍数をつけていくしかありません。

また、点数づけの仕方にも注意を払う必要があります。選択肢ごとにすべての評点を（横に）つけるのではなく、評価項目ごとにすべての選択肢の評点を（縦に）つけていくのが望ましいやり方です。

そうしないと、点数をつける基準がそろわず、どうしても総合点を睨みながらさじ加減をしたくなります。感覚としては分かるのですが、必ず縦に点数をつけていくようにします。

さらに、点数を足し合わせた結果の見方もポイントです。圧倒的にどれかの選択肢の総合点が高いなら、議論の余地はありません。ところが、ほとんどの場合、微妙な点差になります（もしそうならないなら、わざわざこんな面倒な方法をとらなくても判断できます）。

１～２点の差くらいは、重みや評点を少しいじるだけで、簡単にひっくり返ってしまいます。わずかな差で決めるよりも、新たに評価項目を足したり、重みや評点にもっとメリハリをつけたりして、大きく差が出ないかをもう一度調べてみましょう。

加えて、総合点で決めるのがよいとも限らない、という話もあります。合理的に考えるとありえない判断が世の中を変えた、という事例が少なくないからです。典型的なのが、録音機能のない音楽プレーヤー（ウォークマン）や個人向けの配送業務（宅急便）です。当時の常識から考えれば不合理な判断でしたが、後で考えると極めて合理的だったことが分かりました。

意思決定マトリクスは、現時点の合理的な判断を示唆するだけであり、あとは、この表を見ながらどう判断するかが問われます。教科書的な優等生の判断でうまくいくとも限りませんし、「こんなもの数字のお遊びだ！」と無視したのでは元も子もありません。

徹底的に合理性を追求した上で、果敢に決断をする。それが限定合理性の中で判断を迫られる私たちができることなのかもしれません。決断とは、不確実なことを自らの責任において判断することであり、それは人間にしかできない作業です。

□これも知っておくと便利

意思決定マトリクスにも難点があります。総合的な評価は点数でハッキリ分かるのですが、全体のバランスがつかみにくくなります。点数ではなく、○△×でつけたりするのは、その点を改善する策のひとつです。評点ごとに数字や欄（セル）に色づけをするという方法も、直観的に全体の傾向をつかむのには効果的です。

いっそのこと、**レーダーチャート**を使うという手もあります。重みをかけた点数でやる場合と、そのまま素でやる場合があります。これなら、選択肢の特徴が一目瞭然です。ただし、あまりたくさんの情報が盛り込めず、意思決定マトリクスの補助として使うのが適当です。

図3-8　レーダーチャート

参考文献：籠屋邦夫『意思決定の理論と技法』（ダイヤモンド社）

No. 16

ディシジョンツリー

……………期待される結果で判断する

ある選択肢を選んだときに、
どんな結果が期待できるのかを、
数値として明らかにします。
選択肢の期待値を比較・検討することで、
もっとも合理的な選択肢を見つけ出します。

□基本的な進め方

問題解決にあたり、AかBかという岐路（クロスロード）に立たされることがよくあります。そこを、勘と経験と度胸で通り抜けたとしても、すぐに次の分岐点が待っています。そんな分岐点での判断の積み重ねの先に、未来が開けています。

であれば、事前に「どんな選択をすればどんな結果を生むのか？」をシミュレーションしておけば、情緒的な決定が避けられます。それが**ディシジョンツリー**を使った問題解決です。

Step 1 取りうる選択肢を挙げる

いま抱えている問題に対して、どんな選択肢が取りうるかを考えます。あまりたくさんだと後の作業が大変なので、２～３つくらいが適当です。それぞれの選択肢の先に判断の分岐点があれば、それも挙げていきます。そうやって、分岐点が連鎖するツリー図をつくります。

Step 2 選択の結果を予想する

個々の選択肢を選んだときに、どのような反応や効果があるでしょうか。想定されるシナリオを、それぞれの選択肢に応じて２～３パターン考えます。たとえば、売上アップを目指して値下げに打って出れば、ライバルも値下げをしてくる場合と、そのまま何もせず対抗してこない場合がある、といった具合に。

Step 3 期待値を計算する

それぞれの未来シナリオが起こる確率を予想し、トータルで100%になるように配分します。さらに、各々の確率と期待される利益（リターン）を見積もります。中には難しい場合もありますが、無理にでも金銭に置き換えておくようにします。

そうやって求めた確率と利益を掛け合わせて期待値を算出します。選択に当たって投資が必要であれば、それも書き出します。

Step 4 意思決定をする

ツリー全体を見て辻褄が合わないところやヌケモレがないかを確認した上で、それぞれの選択肢の価値を算出します。期待値（アウトプット）から投資（インプット）を引いたのが価値です。

最後に各選択肢が持っている価値を見比べて、最終的にどれを選ぶか決定します。

図3-9 ディシジョンツリー

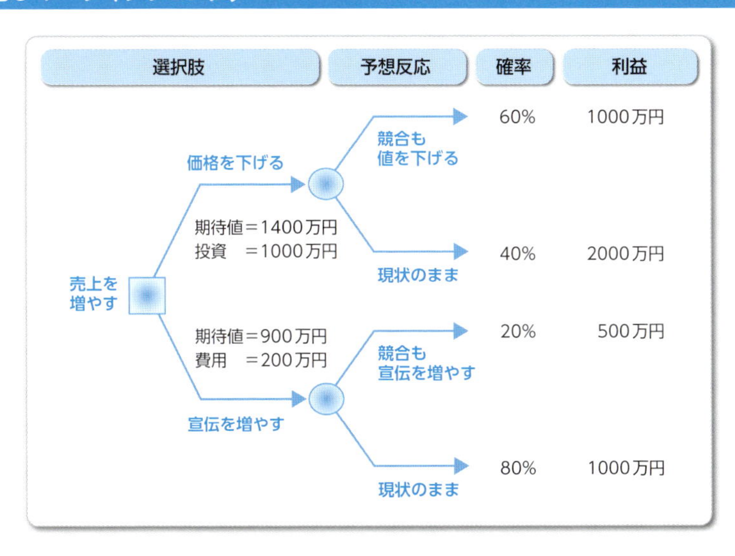

□実践のポイント

ディシジョンツリーは意思決定マトリクスと同様、合理的に決定するのを助けてくれるツールです。中でもビジネスや公共投資など、数値に置き換えやすい問題に向いています。

私たちはともすると、選択の結果どんなことが起こるのかをよく考えずに、判断をしてしまうことがあります。考えたとしても、不合理に判断してしまう心理的な特性を持っています（コラム３参照➡P096）。

ディシジョンツリーを使えば、すべての想定を洗い出して整理できます。ツリー図に「見える化」することで、意思決定の全体像が把握しやすくなります。しかも、選択の結果が相互比較できるように数値で表してあり、不合理な選択が避けられます。

加えて、ディシジョンツリーには説得力があります。説得というと、どうしても最良の案だけを説明(一面提示)することに集中しがちです。そのため、「本当にそうなのか？」「他の選択もあるのでは？」という疑念が生じてしまいます。それよりも、考えうる未来をすべて示（両面提示）した上で、最良の案を説明するほうが、納得が得られやすくなります。

反面、この手法が難しいのは、未来の確率をどうやって求めるかです。ここを大きくはずしてしまったら、意味をなさなくなってしまいます。

ところが、未来の確率を求める決定的な方法はありません。せいぜいできるのは、過去の経験則、繰り返されているパターン、直近のトレンドなどを元に予想するくらいです。それで当たるとは限りませんが、根拠がないよりははるかにマシです。したがって、自分たちにまったく経験のない問題には、この方法は力不足であることは否めません。

□これも知っておくと便利

経験のない問題に対処する方法のひとつとして**シナリオプランニング**があります。ただし、これは問題解決の手法ではなく、問題解決に必要な能力を高める手法、といったほうが正確です。

いくつかの流派がありますが、基本的な進め方は同じです。将来どんなことが起きるのか、どんな仕組みで動いているのか、どんな困難が待ち受けているのか、誰がどのように振る舞うのかなどを話し合い、いくつかの物語（シナリオ）にまとめていきます。

だからといって、もっともらしいシナリオを選択しようというのではありません。大切なのは物語をつくる過程です。未来の姿だけを議論するのではなく、「なぜ起こるのか？」「どんな構造がそれを引き起こすのか？」を話し合うことが重要となります。

そうするなかで、想像力を膨らませ、環境変化を予見し、共通理解をつくっていきます。採るべき戦略を検討したり、不確実な時代に対処する能力を身につけていきます。想定外をできるだけ減らし、何が起こっても機敏に対処できるようになることを目指します。

未来は不確実であり、そもそも予想できるものではありません。結局、私たちにできるのは、それに対処する力をつけることに帰着します。

図3-10　シナリオプランニング

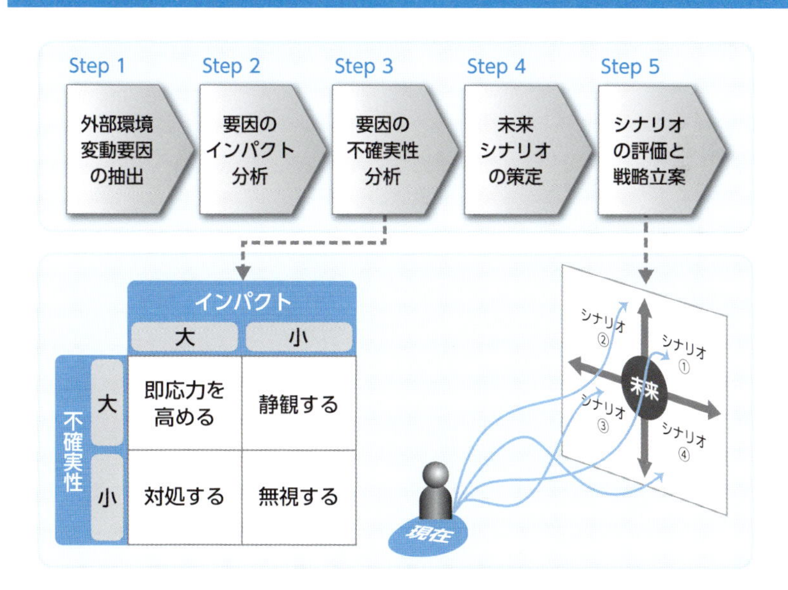

参考文献：後 正武『意思決定のための「分析の技術」』（ダイヤモンド社）
K.ハイデン『シナリオ・プランニング』（ダイヤモンド社）

Column 3

分かっちゃいるけどやめられない

先日、ギャンブル依存症患者の支援をする団体の方と話をする機会がありました。私はギャンブルにはまったく縁がなく、どうして身を持ち崩すまではまってしまうのか分からず、理由を尋ねてみました。

要は、負けを取り戻そうと思ってズルズルと深みにはまってしまうそうです。そうなることは分かっていても、ここで止めてしまったら、今まで損をしたことが無駄になってしまう。儲かるまでいかなくても、せめて少しは取り戻してから止めたい。そう考え続けて抜けられなくなるそうです。

合理的に考えると、これはおかしな話です。過去の損は、その時点で終わっており、いくら頑張っても回収のしようがありません。今は今の勝負をしているのであって、将来の利益だけを考えるべきです。

これを「サンクコスト」（埋没損失）の罠と呼びます。何度も浪人する、何回もお見合いをする、事業撤退がなかなかできない、という場合にも登場する落とし穴です。

もうひとつ、不合理な選択の例を紹介しましょう。皆さんは、確実に1万円が手に入る賭けと、40％の確率で勝てば3万円がもらえる（負ければゼロ）賭けとでは、どちらをやってみたいと思いますか？

おそらくほとんどの人は、前者を選ぶと思います。ディシジョンツリーのところで説明した期待値の計算をすると、前者は1万円、後者は1.2万円となり、後者を選ぶほうが合理的な選択なのに。

では、確実に1万円を損する賭けと、40％の確率で勝てばゼロ（負ければ3万円損）をする賭けではどうでしょう。今度は、後者が損なのにもかかわらず、後者を選ぶ人が多くなります。

つまり、私たちは利益に対してはリスクを回避する（堅実性の高い）決定をするのに対して、損失に対してはリスクを取る（ギャンブル性の高い）決定をしがちになるのです。「プロスペクト理論」という考え方で、ここにもギャンブルで身を持ち崩す原因の一端が垣間見えます。

私たちは思ったほど合理的な選択をしているわけではありません。普段はそれでもよいのかもしれませんが、人生の岐路となる大きな問題に遭遇したときは、そのことを頭の片隅に置いて考えたほうがよいでしょう。

第4章

ポジティブ・アプローチ

目標の達成に歩を進める

17 ソリューション・フォーカス……解決に焦点を当てる
18 GROWモデル……目標に向けて行動を起こす
19 行動分析学アプローチ……反応を使って方向づけする
20 アドラー心理学……目的を正して主体的に行動する
21 PD(ポジティブ・デビアンス)……身近な例外から学ぶ
22 AI(アプリシエイティブ・インクワイアリー)……強みを結集させる

事例4

次々と集中砲火を浴びる営業会議

いよいよ、自分の番が来たか…。口の中がひどく乾いていることに気づいたＤ課長は、残り少ないペットボトルの水を一気に飲み干しました。

今日は営業部の課長６名が目標管理の進捗報告をする日です。ここまでの実績と今後の見通しを１人ずつ順番に述べ、これから部としてどんな改善策を打つか、みんなで議論することになっています。

ところが、トップバッターを皮切りに目標未達の報告が相次ぎ、議長役の部長からの叱責の声がどんどん大きくなってきました。そんな中、とうとうＤ課長の番が回ってきてしまいました。

「君も未達か。なぜ、できないんだ？」

そう訊かれても答えようがありません。「見込みが甘かったです」と言えば「なぜ、いつも甘いんだ」とさらに責められ、「お客様から急にキャンセルが」と言えば「また、人のせいにするのか」と怒られます。答えに窮していると、「原因も分からないのか！」と余計に怒鳴られる始末。

「分かった。言い訳はもういい。それで、どうするつもりだ？」

今さら、これだけの遅れを取り戻すのは“無理”を通り越して“無茶”な話。かといって、できないとは口が裂けても言えません。結局、「Ｘ社であと７千万やって、Ｙ社で何とか３千万を…」と、できもしない数字を積み上げて、どうにかこうにか目標額に届きました。腕組みをして黙って聞いていた部長氏が最後に一言。「よし、本当にそれでやれるんだな？」

「やれるわけがないだろう！」と言いたいのをグッとこらえ、「ハイ、頑張ります！」と力強く言うしかありません。それで少なくとも、苦痛の時間からは解放されます。「では、早速、お得意先にアプローチしてきます」と嘘をついて席に戻ったＤ課長でした。

私だって、やるべきことくらい、言われなくても分かっている。部長だって営業の経験が長いんだから、人が相手の仕事だけに、思うようにいかないことくらい知っているはずだ。それを、闇雲にやれやれと言われても、やる気なんか湧いてこない。いったい私にどうしろというのだ…。

そんな心の声に蓋をして、パソコンに向き直ったＤ課長でした。

行動できないのが問題だ

痩せるための最善の方法は、言うまでもなく食べないことです。それに、運動を加えればさらに効果は上がります。良い学校に行きたければ死ぬほど勉強すればよく、お金持ちになりたければ事業で一発当てるのが近道です。解決方法が分かっているのですから、わざわざ悩む必要はなく、やるべきことをさっさとやればよいのです。

もちろん、これでは問題は解決しません。解決策を実行するのは生身の人間です。やるべきことが分かっていても、できない、やりたくないということもあります。いくら明快な解決策があっても、誰も何もやらなければ何の成果にも結びつきません。

つまり、なぜ問題が解決しないかと言えば、解決策を実行しないからです。アイデアもさることながら、モチベーションに問題の本質があるのです。

であれば、やるべきことではなく、やりたいことを見つけ出そう。それが**ポジティブ・アプローチ**の基本の考え方です。

問題解決というと多くの人がイメージするのは、これとは真逆のネガティブなアプローチです。問題の解決を目指して、悪いところ（原因、弱み、過失、失敗など）を直そうとします。その典型が**ギャップ・アプローチ**（→P015）で述べた数多くの手法です。

図4-1　2つのアプローチ

ギャップ・アプローチ		ポジティブ・アプローチ
やるべきことをやる	⇔	やりたいことをやる
原因を特定して取り除く		理想や目標を追求する
弱みや欠点を克服する		強みや長所を活かす
間違いや不具合を正す		持ち味を磨き上げる
失敗や挫折から学習する		成功や達成から学習する
いつでも通用する一般解を探す		うまくいく特殊解を探す
完全な解決策を求める		少しでも解決に近づく

なぜ、そうするかと言えば、完全な解決策を求めるには、「やるべきこと」や「やらねばならぬこと」を「やらなければいけない」からです。Shouldや Mustを求めてしまうのです。

ところが、そのせいでやる気にならなかったり、やるのを諦めたりしたのでは、何の解決にもなりません。完全な解決を求めて何もやらないよりは、「やりたいこと」「やれること」を着実に進めたほうがはるかに得です。そう考えて、WillやCanを探そうというのがポジティブ・アプローチです。特に、人の意欲や行動が問題になっているときに効果的です。

難行苦行が私たちを幸福にしてくれるのか?

こんな話をすると、「それで本当にうまくいくのか?」と不安に思う方が必ず現れます。中には、「そんなやり方では根本解決にならない!」と怒り出す人までいます。それは、問題解決とはつらくて苦しいもの、というイメージがあるからではないでしょうか。

逃げたい・怠けたいという気持ちをグッとこらえ、「やるべきこと」「やらねばならぬこと」を着実にこなし、その努力と忍耐の先に成功や成果がある。艱難辛苦×難行苦行=問題解決という禁欲的な価値観です。

もちろん、それは非難されるものではなく、そうでなければ達成できないことも山ほどあります。悪いのは「それしかない」と思ってしまうことです。「100%そうだ」と思ってしまうと、にっちもさっちもいかず、袋小路に入り込んでしまいます。

確かに、"一般的"にはそういう価値観を持った人のほうが、成功を勝ち取ることが多いのかもしれません。だからといって、すべての問題をこのやり方でやる必要はありません。難行苦行のせいで、行き詰まってしまったり、精神的に追い込まれたりすることがあります。そういうときこそ、ポジティブ・アプローチが事態を打開する大きな糸口となります。

それに、最近の**ポジティブ心理学**の目覚ましい発展によって、"一般的"というのも怪しくなってきました。たとえば、叱ることよりも褒めることが成長を促す、というのはもはや一般常識になりつつあります。難行苦行するよりも、明るく楽しく行動するほうが良い成果が出る、という研究報告もあります。創造性にしても、根性と忍耐から生まれてくるとは到底思えません。

第一、私たちは難行苦行をするために生を受けたのではなく、幸福になるために生まれてきました。Should・MustとWill・Canのバランスを見直すことが求められているのではないでしょうか。

「なぜ」を考えるとロクなことがない?

ポジティブ・アプローチを取る際のもうひとつの大きな障壁は、私たちにビルトインされた、物事を因果でとらえるという習性です(➡P018)。どうしても、「なぜ、うまくいかないのだろう?」「何が原因なのだろうか?」と問題を分析してしまい、足らないところを埋めていくアプローチに陥ってしまうのです。

ポジティブなアプローチでは、「なぜ?」を考えるのはご法度です。

できない理由よりも、できることを考えます。うまくいかない原因よりも、うまくいった事例を探します。何が足らないかではなく、どうすれば達成できるかに集中するようにします。

特に、多くの人が絡む問題で、「何がまずかった?」と原因追究をすれば、いずれ必ず「誰が悪いんだ?」と責任追及になります。追いつめられた人は、「景気が悪い」「不運だった」と必ず自分以外のもののせいにしてしまいます。そうなると、もはや誰もコントロールできなくなります。

仮に素直に自分の責任を認めたとしても、やる気が下がってしまい、期待する成果が得にくくなります。モノを扱う問題では「なぜ?」を考えるのは大切ですが、ヒトを扱う問題で「なぜ?」を考えるとかえって問題をこじらせかねないのです。

図4-2 「なぜ?」を考えない

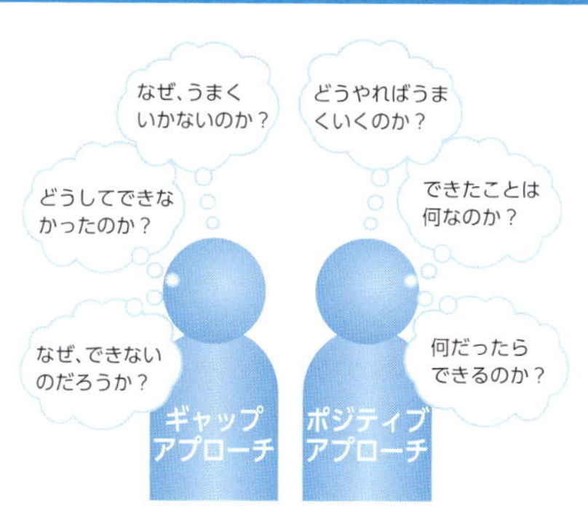

No. 17

ソリューション・フォーカス

解決に焦点を当てる

問題の原因を分析することよりも、
解決することに焦点を当てます。
本質的な解決でなくても、
ありたい姿に一歩近づくためにできることを、
持てる資源を手がかりにして見出していきます。

□基本的な進め方

カウンセリング（ブリーフセラピー）から生まれた**ソリューション・フォーカス**は、ポジティブ・アプローチの代表的な手法のひとつです。解決志向アプローチとも呼びます。その名の通り、問題の分析や原因の探索ではなく、問題の解決（ソリューション）、すなわち目指す姿に近づくことに焦点を当てる技法です。

目的や対象によって多少やり方が異なります。個人向けのセラピーではなく、組織開発を目的としたワークショップを念頭に進め方を説明します。

Step 1 ありたい姿を描く

まずは問題を定義します。このときにポジティブ（肯定的）に表現するようにします。「痩せられない」ではなく、「痩せたい」といったように。そうしないと、どこに向かっていくのか分からなくなります。あわせて、どれくらい痩せればどんな効用（ベネフィット）があるのか、理想のありたい姿を明らかにします。

Step 2 事例を探索する

自分が持っていない外のものに解決を求めると苦しくなるだけです。そうではなく、既にあるものや自分の中に求めましょう。なかでも経験は一番の資源となります。例外でも偶然でもよいので、何かうまくいったことはないか、どうしてそのようなことができたのか、どんな些細なことでもよいので過去の成功事例を集めて掘り下げていきます（**コーピング・クエスチョン**）。

Step 3　到達点を確認する

目指す姿を100点満点だとしたら、今はどれくらいできているか、現状の到達点を明らかにします。**スケーリング**と呼ぶ作業です。

Step 4　できることを考える

仮に現状が60点だからといって、あと40点稼いで100点満点を目指したのでは**ギャップ・アプローチ**（➡P015）になります。そうではなく、あと1点でもよいから、目標に近づくためにできることを考えます。あるいは、何でもできるとしたらどんなことが起こるか、一切の制約を取り払って考えます（**ミラクル・クエスチョン**）。

Step 5　やりたいことを選ぶ

そうやって集まった選択肢の中から実際に行動に移すものを選びます。かといって、**合理的決定アプローチ**（➡P075）のように効率性や投資効果では選ばず、「やりたいかどうか」「できると思うかどうか」が基準となります。一番しっくりくるものを選び、具体的なアクションプランに落とし込みます。

図4-3　ソリューション・フォーカス

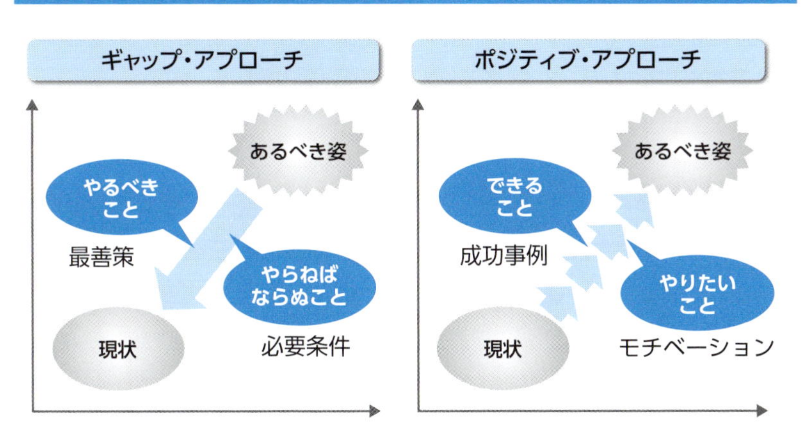

もちろんこれで問題が片づくわけではありませんが、着実に一歩前に進められます。小さな変化は大きな変化を生み出すキッカケになり、何もしないよりは、状況を変化させることが大切です。そうやって少しずつ歩を前に進めていけば、いつかは大きな目標を達成できるかもしれません。そうやってポジティブに考えて進むのがソリューション・フォーカスです。

□実践のポイント

ソリューション・フォーカスには**3つの原則**があります。これを理解しておかないと、せっかくの手法が活きてきません。シンプルながらも、とても理にかなった原則です。

原則1　順調に進んでいることは、いじらない

せっかく順調にコトが運んでいるのに、良かれと思って少しいじったら、かえっておかしくなった、という経験はないでしょうか。向上心のせいか、欲張りなのか、それとも飽きっぽいのか、人はどうしても余計なことをしがちになります。「一言多い」というのはその典型です。

支障なく順調にいっていることは変えないことです。余計なことをせず、そのまま置いておきましょう。

原則2　うまくいったなら、繰り返してみる

私たちは、せっかくうまくいったのに「大したことではない」「あれはラッキーだから」と見捨ててしまいがちになります。これほどもったいないことはありません。

うまくいったことを繰り返すのなら、新たなアイデアも要らず、確実に成果も得られ、やる気も高まります。どんな些細なことでもよいから、うまくいったことを探して繰り返せば、いずれ大きな成功に近づく源となります。

原則3　うまくいかなかったなら、違うことをする

逆に、うまくいかないことを、「もっと頑張れば」「次こそは」と繰り返すのは愚の骨頂です。同じやり方から違う結果は生まれてこず、それをガンバリズムでどうにかしようとするから難行苦行になるわけです。

うまくいかないことは、あっさりと止めてしまいましょう。その上で、何か違うことや、新しいことをやってみましょう。うまくいかないことを繰り返すくらいなら、何でもよいから変えてみる。数撃てば当たるで、そのうちうまくいくことが見つかるはずです。

□これも知っておくと便利

3つの原則をうまく活かした**振り返り**（➡P036）の方法に**KPT**があります。プロジェクトマネジメントやチーム管理において定番の方法になったフレームワークです。

たとえば、毎週月曜日の午前に、先週のチーム活動の振り返りと改善策を議論するとしましょう。思いつくままにやっていたのでは、ネガティブな話ばかり出て、原因追究が責任追及となり、やる気が起きなくなります。改善どころか足の引っ張り合いになりかねません。

そんなときこそポジティブ・アプローチです。ホワイトボードなどに下図のフレームを書いて、①K（Keep）うまくいったこと→うまくいかなくなるまで続ける、②P（Problem）うまくいかなかったこと→やり方を変えてみる、③T（Try）新しく始めること→試しにやってみる、の順番で意見を出し合います。そうすれば、着実に経験を学習に結びつけられます。

図4-4　KPT

Keep
・毎日チェックインから始めた
・新しいフォームのレポートを採用
・ホワイトボードにコメントを貼り出す
・木曜の勉強会が盛り上がった

Problem
・レビュー会議の参加者が減った
・メールへのレスが滞りがちに
・進捗確認が不十分な業務がある
・気軽にヘルプ宣言ができなかった

Try
・週次ミーティングでも採用
・ホワイトボードを増設する
・話題提供者を持ち回りに
・ネタ共有の仕組みを検討する
・早目にアジェンダを上げる
・メールとリアルの使い分けを
・重点業務の再度の洗い出し
・「ヘルプ！」カードをつくる
・見える化する項目を整理する

参考文献：青木安輝『解決志向の実践マネジメント』（河出書房新社）

No. 18

GROWモデル

……目標に向けて行動を起こす

**解決すべき問題を見定め、
必要な資源を洗い出し、
柔軟に解決策を考えることで
主体的な目標達成を促進するのが
コーチングの基本モデルです。**

□基本的な進め方

指導や助言によるのではなく、対話を通じて自らの変容を促し、目標達成を支援する働きが**コーチング**です。その代表的な手法である**GROWモデル**は、ポジティブ・アプローチの考え方が巧みに展開されており、問題解決の思考法としても使えます。たとえば、将来のキャリアに悩む若手を先輩がコーチングするとしたら、こんな感じで進めます。

Step 1 ゴールを設定する（Goal）

これからどうなっていたいか、何を達成したいと考えるのか、目標の設定からコーチングは始まります。そのため、「あなたは、３年後にどうなっていたいですか？」「どんなことがかなったら、心から嬉しいと感じますか？」といった質問をして、自分のやりたいことを見つけてもらいます。

Step 2 現状を明らかにする（Reality）

次に、今の自分を見つめ直します。目標に向けて今までどんなことをやってきたか、その結果どうなってそれに対してどう感じているか、今の思いを明らかにしていきます。また、目標にどれくらいまで近づいているのか、**スケーリング**（➡P103）の質問で現在のポジションを把握します。

Step 3 資源を探索する（Resource）

資源とは、能力、知識、経験、人脈、価値といった、本人が既に持っている財産です。外から新しい資源を入れるのではなく、既にあるものをフルに活用することで目標に近づいていきます。

ところが、案外自分では資源を持っていることに気づかないもの。「あなたの強みは？」「応援してくれる人は？」「どうやって苦境を乗り越えてきましたか？」と質問をして、資源を発見するお手伝いをします。

Step 4 選択肢を考える（Option）

ここまできたら、いよいよ目標達成に向けてのアイデアを出していきます。その手がかりになるのが先ほどの資源です。思い込みの壁や諦めの壁を突破するには、「もしも…」（仮定）、「逆に…」（逆転）、「将来、〇〇になるとしたら…」（未来）、「まだやっていないことは何？」（排他）といった質問が効果的です。

Step 5 意思を明らかにする（Will）

アイデアが出そろったら最後は選択です。「やりたいこと」「やれること」

図4-5　GROWモデル

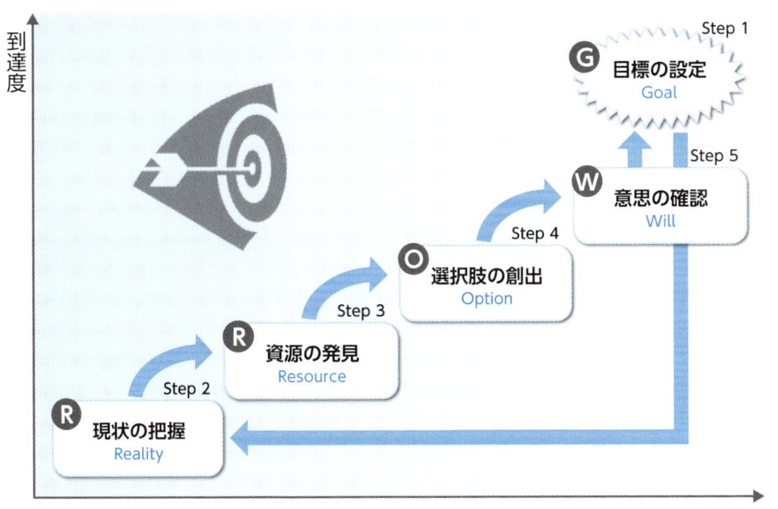

を選び、「誰が」（Who）「いつまでに」（When）「何」（What）をするか、具体的な行動へと落とし込みます。そして最後に、どれくらいやりたいと思ったのか、意思の確認をしておきましょう。

□実践のポイント

GROWモデルは、1対1のコーチングのフレームワークとして考案されたものですが、大人数のワークショップでも使えます。**問題解決の答えは相手（メンバー）の中にある。相手（メンバー）こそが最高の問題解決者**である、という前提はどちらも同じです。

いずれも、コーチもしくはファシリテーターの巧みな質問によって、相手自身から答えを引き出していくところがポイントです。それぞれのステップにおいてよく用いられる質問があり、ある程度はパターンとして覚えておくと便利です。1人で自分の問題を解決したい場合は、紙などに質問を書いて、回答を埋めていけば内省を深められます。

図4-6　問題解決を促進する質問

GROW	質問例
G 目標設定	・あなたが、今一番、達成したいと願うことは何ですか？ ・仮に何でもできるとしたら、何をやってみたいですか？ ・5年後に自分がどうなっていたら満足を感じますか？
R 現状把握	・その目標に対して、今はどれくらい進んでいますか？ ・課題を3つ挙げるとしたら、何と何と何がありますか？ ・それに対して、今までにどんなことをやってきましたか？
R 資源発見	・実現に向けて、誰かの力を借りるとしたら誰ですか？ ・どんな情報が手に入れば、前に進むことができますか？ ・過去に一番うまくいったという経験はどんなものですか？
O 選択肢創出	・他に、今までにない新しいやり方は考えられませんか？ ・まだ試していない方法に、どんなものがありますか？ ・あなたらしい方法には、どんなやり方がありますか？
W 意思確認	・一番やりやすいものから始めるとしたら、どれですか？ ・それを、いつまでに、どれくらいやることにしましょうか？ ・うまくいったら、一体どんな気持ちになると思いますか？

実際のコーチングでは、傾聴や承認といった信頼構築のためのコミュニケーションスキルが求められます。特に、相手の自己肯定感が低い場合は、何を尋ねても「どうせ…」となって、前に進みません。自分の潜在能力や可能性、存在意義や必要性に気づかせることが重要であり、それが分かれば自ずと目標に向けて行動するようになります。

また、GROWモデルは、ゴール設定を起点にしていることから分かるように、漠然とやりたいことがあったり、何かをやろうと願っている人向けの手法です。やりたいことが何もなかったり、やる気がまったくない場合は、最初のステップで頓挫してしまいかねません。そういう場合は、**行動分析学アプローチ**（➡P110）を試してみることをお勧めします。

□これも知っておくと便利

ポジティブ心理学で注目を浴びている概念のひとつに**レジリエンス**があります。日本語に訳すと逆境に立ち向かう力、すなわち“折れない心”です。

私たちは、厳しい問題を前にすると、ときとして心が折れそうになり、逃げ出したり諦めたりします。そうかと思えば、誰が見ても無茶だと分かっている問題に粘り強く挑み、逆境を撥(は)ね除けてしまう人もいます。人によってレジリエンスに大きな違いがあるのです。

その違いは、どんなに厳しい状況でもポジティブな面を見出せるかどうかにかかっている、と言われています。具体的には、自尊感情、自己効力感、楽観的、感情に流されないなどの要素が必要とされます。

では、これらを兼ね備えていない人には、厳しい問題に立ち向かう力がないのでしょうか。決して、そんなことはありません。コトの大小はともかく、人には少なからず逆境を乗り越えた経験があるからです。幸運や他者の支援があったとしても、自分で乗り越えたわけですから、「次も何とかなるだろう」と自信を持つべきです。その成功体験を次に活かすべきです。

ネガティブになりがちな人は、逆境の中のポジティブな要素を思い出して、そこに解決のヒントがないかを考えてみてはいかがでしょうか。

参考文献：本間正人、松瀬理保『コーチング入門』（日経文庫）
M.セリグマン『世界でひとつだけの幸せ』（アスペクト）

No. 19

行動分析学アプローチ

……………反応を使って方向づけする

人の行動やモチベーションは、
そのすぐ後の状況の変化によって決まります。
そう考えて、期待する（しない）行動を
取った後のリアクションを使い分ければ、
望ましい行動へと促せます。

□基本的な進め方

行動分析学とはB.スキナーを創始者とする心理学の体系で、人や組織に関わる問題に幅広く応用できる考え方です。ポジティブ・アプローチとの親和性が高いので、ここで取り上げることにします。

たとえば、「若手が会議で積極的に意見を言わない」ということが問題になっているとしましょう。多くの方は、「なぜ、そうなのか？」と原因を探そうとします。

出てくるのは「大人しい」「やる気がない」といった、本人の資質や意欲に関わる話です。では、なぜ大人しいのでしょうか。そうやってなぜを繰り返していると、行きつく先は「両親のしつけが悪い」「遺伝子が悪い」となり、解決ができなくなります。

それに、「大人しい」性格だと、どうして言い切れるのでしょうか。それは、「意見を言わない」からです。つまり、「大人しい」というのは「意見を言わない」を言い換えたに過ぎず、原因を説明しているわけでもないのです。

百歩譲って、仮にそれが原因だとしても、どうすれば直してもらえるでしょうか。「お前は大人しすぎる」と指摘しても、本人が反省してくれるか怪しいものです。自分に対する批判と受け止め、反発を食らうだけかもしれません。結局、原因らしきものを特定しても何も生み出さないのです。

それに対して、行動分析学では、「行動は、そのすぐ後の状況の変化によって決まる」と考えます。つまり、本人の心や性格に原因があるのではなく、行動がどんな状況の変化を生み出したか、**行動随伴性**にヒントがあると考えるのです。一番簡単なやり方を紹介しながら原理を説明します。

Step 1 対象となる行動を選ぶ

まず、対象となる行動を特定し、目標を設定します。今回、目指すのは「会議で積極的に意見を言う」という行動を増やすことです。

Step 2 好子（メリット）を増やす

では、会議で意見を言ったときに、どんな状況の変化が起きるでしょうか。行動分析学では"直後"、できれば1分以内の変化を重要視します。

すぐに思いつくのは、周囲の「なるほど」「さすが！」といった歓迎のリアクションです。これを繰り返せば、期待する行動をしようという意欲が湧いてきます。これを「好子（こうし）出現による強化」と呼びます。**好子**とは、行動を増やす契機となる出来事を意味します。それがあると行動の頻度が増え（**強化**）、なくなると行動の頻度が減ります（**弱化**）。

図4-7　行動の強化と弱化

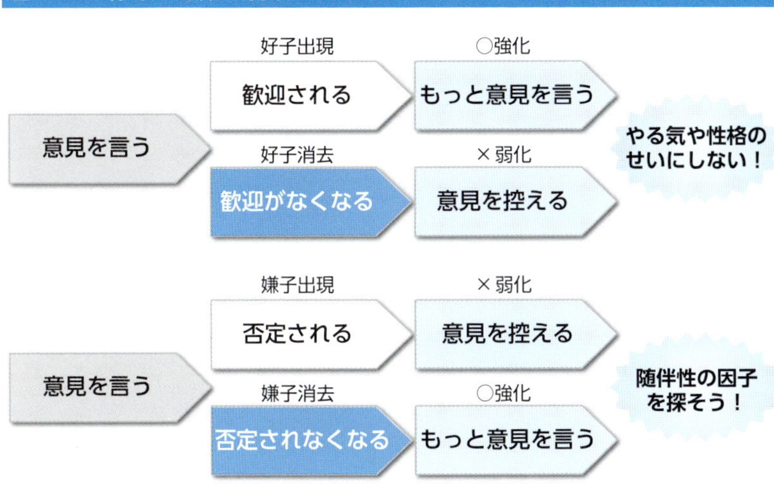

Step 3 嫌子（デメリット）を減らす

反対に「え、それだけ？」「よく考えた？」と応えればどうなるでしょうか。おそらく、意見を余計に言わなくなります。これを「嫌子(けんし)出現による弱化」と呼びます。逆に、こういうリアクションを控えることで、意見が言いやすくなります。**嫌子**とは、行動を減らす契機となる出来事です。好子とは逆に、ないと頻度が増え（強化）、あれば頻度が減り（弱化）ます。

Step 4 粘り強く繰り返す

そうやって、対象となる行動の直後に、丁寧にリアクションを返して、強化と弱化を積み重ねていけば、自然と望ましい行動が身についてきます。これが行動分析学による問題解決のもっとも簡単なやり方です。

□実践のポイント

行動分析学は、**ギャップ・アプローチ** （→P015）とは真逆の考え方をします。原因（欲求）が先にあって結果（行動）が起こるとは考えません。結果の後に原因が生まれると考えます。事後に得られる変化を目的として行動を起こす、といったほうが分かりやすいかもしれません。この話を対人関係の問題に当てはめると、こんな見方ができます。

私たちは、前者のモデルにあまりに慣れてしまっています。なので、何か自分にとって不都合な態度を取る人がいると、原因となる相手の心理や欲求を変えようとします。忠告や助言がその典型で、コーチングもそのための手法です。いわば相手を変えるアプローチです。

ところが、人の心を変え

図4-8　2つの動機づけモデル

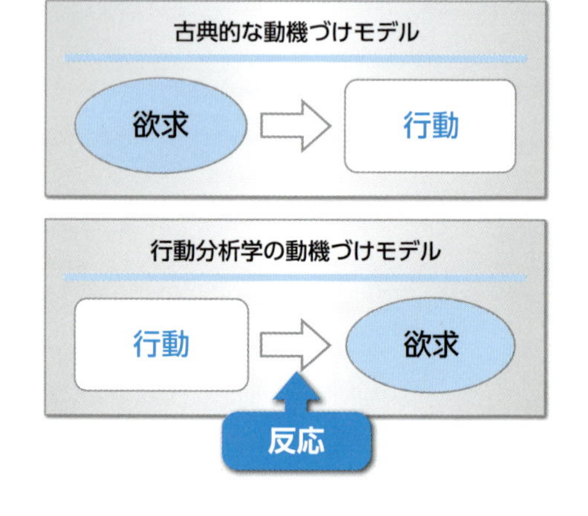

るのは容易ではありません。いま持っている灯を大きくすることはできても、まったくないものを植えつけることは、親兄弟であろうができません。

そういうときに役に立つのが、後者のアプローチです。相手の心理を変える必要はなく、こちらの反応を変えればよいのです。相手がネガティブな行動を取るのは、まわりがネガティブな態度で接してきたからかもしれません。こちらがポジティブなリアクションを返せば、相手のポジティブな行動が引き出せます。

そうやって、相手への関わり方を変えれば、相手が変わっていきます。変わらない相手に悩むよりは、自分ができることを考えていこう。そう考えるところがポジティブなのです。

□これも知っておくと便利

好子と嫌子による強化と弱化が理解できれば、**シェイピング**と呼ばれる技法が使えるようになります。望ましい行動に少しでも近い行動を強化しながら、少しずつ目標に近づけていく手法です。

先ほどは、単純な行動を例に説明をしましたが、実際のビジネス上での行動はもう少し複雑です。企画ひとつまとめるにしても、①情報収集→②アイデア出し→③評価選択→④コンセプトづくり→⑤市場調査→⑥企画書づくり→⑦プレゼンと、１つひとつ行動を積み重ねていかなければいけません。

ある若手が③まではそれなりにできるようになったとしましょう。とりあえず、③をしっかりと強化してやる気を高め、④に挑戦してもらいます。それでうまくいけば好子を与えて、完全に④ができるようになるまで強化していきます。これを繰り返して、最終的に全プロセスがこなせるように、行動を促進するのです。

このやり方なら、いきなり大きな仕事を任せるよりは、本人のやる気が持続しやすくなります。二の足を踏む人も、シェイピングを使えば、いつの間にか大きな仕事ができるようになります。いわば、相手を気持ちよく「そそのかす」技法だといってもよいでしょう。

参考文献：舞田竜宣、杉山尚子『行動分析学マネジメント』（日本経済新聞出版社）

No.20

アドラー心理学

……目的を正して主体的に行動する

人は自らが抱く目的に向かって、
自ら備えた資源を集めて、
主体的に行動していく存在であり、
問題の解決に貢献できる力が備わっています。
そう考えると解決への前向きな力が湧いてきます。

□基本的な進め方

A.アドラーが築き上げた心理学は、当時主流であったフロイトらの学説とは違ってポジティブで力強さを感じます。それは、「個人が創造的に物事を舵取りしている」という**主体性の尊重**が通底に流れているからです。運命、偶然、衝動などのせいにせず、自分に備わったいろんな力を矛盾なく総動員して、自分で自分の未来を切り拓く、という考え方です（**全体論**）。

今までは、どちらかと言えば教育や家庭の問題に応用されることが多かった**アドラー心理学**が、最近ビジネスをはじめいろんな分野で注目を浴びています。示唆に富むアドラー心理学の中から、日常の問題解決に役立つフレームワークをつまみ食いして紹介することにします。

技法1 目的を正す

アドラー心理学は**目的論**の立場を取ります。原因（感情）があって結果（行動）があるとは考えず、目的を達成するために感情や行動を使うのだと。原因論ではないという意味では、**行動分析学**（➡P110）と同じ立ち位置になります。

たとえば、仕事中におしゃべりばかりしている人に悩まされているとしましょう。その原因が「不真面目だから」とは考えないのです。そうではなく、何か目的があっておしゃべりをしていると考えます。多くの場合、こういった好ましくない行為の目的は４つのうちのどれかです。

①注目を引く　：私がここで頑張っていることを認めてよ。
②権力を求める：私はおしゃべりをしても許される人間なんだぞ。
③復讐を企てる：おしゃべりが迷惑だったら注意をしてみろよ。
④無力を装う　：どうせおしゃべりくらいしかできない人間なんだよ。

一番よいのは、本人に目的に気づいてもらって、自ら問題行動を止めてもらうことです。そのために、こちらの見立てをぶつけたり、矛盾に正対させたりして、相手の意見を引き出します。

よくないのは、相手のゲームにはまってしまうことです。注目を引くのが目的だからといって、下手に反応してしまうと、余計にエスカレートしてしまいかねません。それよりは、問題行動は棚上げして、適切な行動に注目してあげるほうが効果的です。

技法２　勇気づけをする

そういうときに、アドラー心理学では**勇気づけ**という方法を使います。それは、アメとムチを使ったり、「頑張れ！」と励ますのではありません。行動を褒めるのではなく、存在を勇気づけるのです。

具体的にどうやるかは一口では語れません。相手を理解・尊敬・信頼する、平等な権利や自己決定権を認める、目標を分かち合う、援助を求めたり一貫性を示す、といった方法が知られています。

それも大げさにやる必要はなく、その人の

図4-9　アドラー心理学の全体像

些細な行動に対してどう反応するかが重要です。その積み重ねによって以下の3つの感覚が高まり、「ありのままの自分でいること」の勇気が培われていきます。互いの欠点や不完全さを受け入れ合う勇気が湧いてくれば、自ずと問題は問題でなくなるはずです。

①自己肯定感　：私には素晴らしい能力や知識が備わっている。
②自己有能感　：私は必要とされており、他人に貢献できる。
③自己効力感　：私は自分の問題に影響を与えることができる。

□実践のポイント

アドラー心理学は、ときには過激な考え方と受け取られる恐れがあります。たとえば、ショッキングな出来事に塞ぎこんでしまったとしても、目的論に立てば解釈が違ってきます。ショックが原因となって塞ぎこんだのではなく、塞ぎこみたいから、数多くある出来事の中でショッキングなものを持ち出してきたと考えます。

しかも、それがショッキングかどうかも分かりません。アドラー心理学では、客観的な事実は存在せず、すべては自分の認知がつくり上げた主観的な世界で生きていると考えるからです（**認知論**）。

そう言われると誰しも耳を疑いたくなります。自分は今ショッキングな出来事で苦しんでいるというハッキリとした実感があるからです。問題解決の便法としては理解できても、素直に前提を受け入れる気にはなりません。目的論とは、ときには過酷な考え方を強いるのかもしれません。

それはポジティブ・アプローチ全体にもいえます。ポジティブというのは決して“楽観的”という意味ではありません。「何とかなるさ」というのが楽観的です。

それに対して、「どんな状況でも自分で何とかできる」と考えるのがポジティブです。“楽観主義”といったほうが正確かもしれません。ポジティブに生きるというのは、必ずしも“楽”に生きることを意味しないのです。

□これも知っておくと便利

アドラー心理学でもうひとつ見逃せないのは、個人の主体性に重きを置きながらも、同時に**対人関係論**の立場を取ることです。簡単に言えば、すべての行動は、対人関係の問題を解決するためにおこなわれる、という考え方です。

実際に、先ほど述べた「仕事中におしゃべりをする」という問題は、内面的な充足のためではありません。人と人の関わりの中で起こった問題に対処するための行動でした。

アドラーは、対人関係の課題（タスク）を大きく３つに分類しました。

①仕事のタスク（Work Task）　　　：永続せず運命も共にしない関係
②交友のタスク（Friendship Task）：永続はするが運命を共にしない関係
③愛のタスク（Love or Family Task）：永続をして運命を共にする関係

ここまでバッサリ整理されると爽快感があります。対人関係の問題を扱う際に覚えておくと役に立つフレームワークです。

問題を個ではなく関係性で考えるというのは、**対立解消アプローチ**（➡P127）と共通点があります。また、アドラーが提唱する**共同体感覚**は、**ホールシステム・アプローチ**（➡P179）でも大切にすべき概念です。事実に対する個人の認知のシステムを重視するアドラーの認知論は、**認知転換アプローチ**（➡P153）と重なります。そういう意味では、アドラー心理学は、現在使われている問題解決の多様なアプローチの先駆けとなった理論だともいえます。

図4-10　3つのタスク

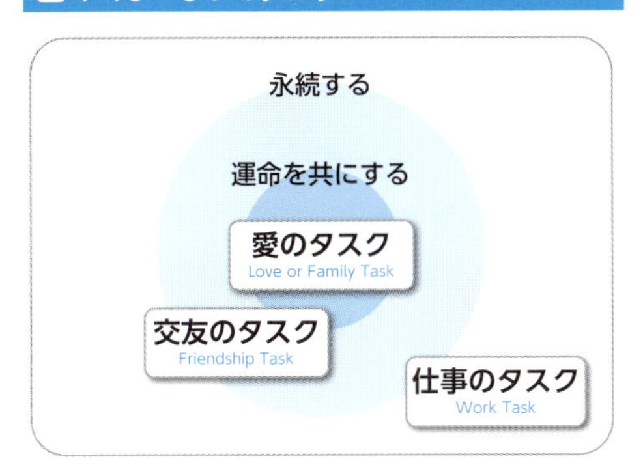

参考文献：岸見一郎他『嫌われる勇気』（ダイヤモンド社）

No.21

PD（ポジティブ・デビアンス）

身近な例外から学ぶ

**問題の解決にあたって
他の人とは違う“掟破り”なやり方で成功している
「ポジティブな逸脱者」を探し出し、
そのやり方を誰もが実行できる方法に落とし込み、
ボトムアップで組織全体に普及させていきます。**

□基本的な進め方

どんな組織にも、他の人とは違うやり方でうまくいっている「片隅の成功者」が必ずいます。

組織の周辺にいる「ポジティブな逸脱者」（**ポジティブ・デビアンス**：PD）を探し出し、そのやり方を自ら学んで組織全体に普及させれば、大きな変革へとつなげられます。PDの推進者の1人であるR.パスカルはこんな進め方を提唱しています。

Step 1 PDを探し、変革の要に据える

組織の中で、ちょっと変わったやり方でうまくやっている変革者や、例外的に成功している異端児を探し出します。マーケティングで用いる**イノベーター理論**によると2.5%くらいはいると言われています。丹念に探せば、必ずどこかで見つかるはずです。

Step 2 事実に基づいて問題を見直す

定番となったやり方を十分に理解した上で、PDを調査します。単にデータを集めるだけではなく、直接訪問して質問をして、どんなやり方をしているのか、どこが他とは違うのか、事実を集めます。その上で、なぜその人だけが成功しているのかの仮説を立てます。

Step 3 安心して学習する環境を整える

PDによる変革は、少なからず組織のタブーに触れざるをえなくなります。多くの場合、PDが成功しているのは「禁じ手」「掟破り」をやっているからです。それをオープンにするとPDが制裁を受ける恐れがあります。

PDから学ぶほうにしても、多少なりとも耳の痛い話を受け止めないといけません。掟破りに加担するには、心理的にも社会的にも大きなリスクがあります。ワークショップなどを通じて、安心して話し合える関係性を築くことが、先に進むために欠かせません。

Step 4 問題を具体的に把握する

心理的な抵抗に打ち勝って、変えるべき問題が見つかったら、それを綺麗ごとで終わらせず、具体的な施策になるように議論をしていきます。普及のためのツールを開発するのも良い方法です

Step 5 社会的証明の原理を利用する

社会的証明とは、「みんなやっているから」と他人の行動を基準にして物事を判断することです。新しい取り組みに参加してメリットを享受する人を増やしながら、変革を少しずつ浸透させ、主流派へ押し上げていきます。

図4-11 ポジティブ・デビアンス

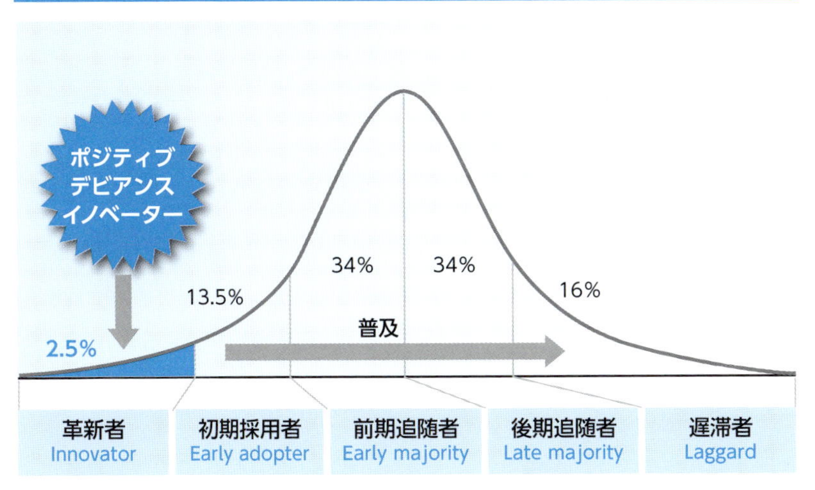

Step 6 免疫反応を抑制する

忌避、抵抗、特殊解といった反作用が起こらないよう、現場を十分に巻き込みながら丁寧な普及を心がけます。もし起こってしまったら、無理に押しつけようとせず、粘り強く話し合いながら、理解が浸透するまで待ちます。大勢に大きな影響がないなら、放置しておくのも手です。

□実践のポイント

PD（ポジティブ・デビアンス）は、成功事例に学ぶという意味では、**ベンチマーキング**（➡P040）と同じように見えます。ところが、アプローチがまったく逆です。

ベンチマーキングでは、ベストプラクティスを分析して成功要因を抽出し、トップダウンで一斉に展開していくのが一般的なやり方です。ベストプラクティスにしても、トップ企業や他業界といった組織の“外”から“優等生”を求めるのが通例です。

そのため、変革のスピードは速い反面、拒絶反応も生みやすく、どちらかと言えば外科治療のようなものです。問題解決を推進するリーダーが担い手となり、みんなに知識を与え、行動を変え、新しい習慣を取り入れて人々を変革していきます。

それに対して、PDは言わばボトムアップの草の根活動です。

組織の“内”にいる“異端児”を見つけ出し、その秘密を学ぶ人を増やすことで、組織全体に広げていきます。それは、今までタブーとされてきた考え方への転換に他なりません。自発的な学習による変革こそがPDの本質です。

PDは、漢方薬による体質改善のようなものです。スピードは遅くても着実に組織に浸透できます。中でも、既存の考え方を修正する必要がある場合に威力を発揮します。逆に、解決の方向が分かっていたり、考え方そのものまで転換する必要がないときには、かえって効率が悪くなります。

PDでは、対話の場を促進するファシリテーターが成功のカギを握っています。安心安全の場をつくり、きめの細かい対話を通じて、自ら変わることを促すのが仕事です。習慣を変え、新しい態度を身につけ、それを知識化していく支援をします。こんなふうに変革のプロセスもベンチマーキングとはまるで反対になっているのです。

□これも知っておくと便利

PDのような特異点を探すことは、**創造的アプローチ**（➡P045）においても重要です。そこに発想を打ち破るヒントが隠れているからです。発見するための手がかりとなるフレームワークを紹介しておきますので、現場で探索する際に活用ください。

私たちは、こういう人を見たときに「ありえない」「そんなことをしたらまずい」と思ってしまいます。それは既存の枠組みにとらわれているからです。

PDが成功している秘密を見つけても、「どうして私があいつの真似を？」「そこまでやらないといけないのか…」「そんなこと今さらできるか！」といった心理的な抵抗が生まれたりします。

そんなときに役に立つのが、**認知転換アプローチ**（➡P153）です。うまく使えば「まあ、いいか」と固定観念を緩められるようになります。

図4-12　特異点を探すフレームワーク

参考文献：『ハーバード・ビジネス・レビュー　2006年2月号』（ダイヤモンド社）

No.22

AI（アプリシエイティブ・インクワイアリー）

強みを結集させる

弱みや障害といったネガティブな面ではなく、
強みや価値などのポジティブな面に光を当て、
それらを結集して最大限に活用することで、
理想の未来を実現する方法を
見つけ出していきます。

□基本的な進め方

アプリシエイティブ・インクワイアリー（Appreciative Inquiry：AI）はポジティブ・アプローチの代表的な手法のひとつであり、D.ホイットニーらが開発しました。大切な問いかけにより、個人や組織の強みを発見して認め合い、それらの可能性を最大限に活かした取り組みを生み出していきます。

関係者が一堂に会する**ホールシステム・アプローチ**（➡P179）としても見逃せない手法です。4Dサイクルと呼ばれる基本プロセスの部分を紹介します。

Step 1 強みを発見する（Discovery）

変革課題（トピック）を定めた後、2人1組のペアをつくり、「○○についてあなたがこれまでに味わった最高の体験は何か？」といったテーマで相互にインタビューをします。**ハイポイント・インタビュー**と呼ばれる重要なステップで、個人と組織の本当の強みや価値を掘り出していきます。そうして出てきたものを**ポジティブ・コア**と呼びます。

Step 2 理想を描く（Dream）

ポジティブ・コアをベースにして、それが結集したときにどんな未来が拓けるのか、チームや組織として達成したい最高の未来像を話し合います。単に言葉だけで語るのではなく、実際に未来像をビジュアルに表現してみると、みんなのイメージが喚起され、実現への意欲も湧いてきます。

Step 3 未来を設計する（Design）

最高の未来像の実現に向けて、**自分たちが持つ可能性を最大限に活かした組織の姿**を、具体的な目標として表現します。「○○を○○する、○○までに」といったように具体的に記述することで、漠然としたイメージをカタチに変換できます。

Step 4 実行に備える（Destiny）

あるべき姿に向けて実際にどんな取り組みをこれからしていくのか、施策や行動計画（アクションプラン）、あるいはチーム・組織体制を設計します。それらを問題に関わるメンバーに伝え、理想の実現に向けて持続的に取り組んでいきます。

このプロセスを少しずつ分けてやる場合もあれば、一時に全部やる場合もあります。後者の場合、最低でも２～３日間のワークショップが必要となります。その際は、関係者が一堂に会してやるのが望ましいです。

図4-13　4Dサイクル

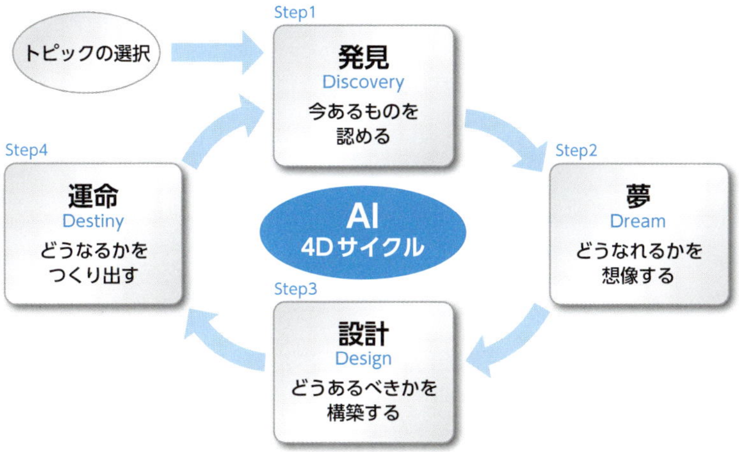

トピックの選択
Step1
発見
Discovery
今あるものを認める
Step2
夢
Dream
どうなれるかを想像する
Step3
設計
Design
どうあるべきかを構築する
Step4
運命
Destiny
どうなるかをつくり出す
AI
4Dサイクル

出所：D.ホイットニー他『ポジティブ・チェンジ』（ヒューマンバリュー）

□実践のポイント

実際にAIを進めるには、やり方を覚えるだけではなく、背景にある思想を十分に理解しておかなければいけません。それが**8つの原理**です。

中でも特徴的なのは、その名の通りインクワイアリー（問いかけ）を重要視しているところです。いつ、誰に対して、どのように問いを投げかけるのかが対話が深まるかどうかのカギとなっています。

たとえば、「なぜ当社の社員の士気が落ちているのか？」といった問いをしてしまうと、**ギャップ・アプローチ**（➡P015）にはまり込みます。そうではなく、「働きながら口笛を吹ける職場にするには？」といった、みんなが対話したくなるような、肯定的（Affirmative）で広がりがあるトピックを設定するのがAIを進める際の腕の見せどころとなります。

ハイポイント・インタビューにしても、「最高の体験はどんなものでしょうか？」「そこからどんなことを学び、何を心から大切にしたいと思いましたか？」「あなたが望む最高の未来が実現したとしたら、どんな姿になってい

図4-14　AIの8つの原理

構成主義の原理	言葉が世界を創造する
同時性の原理	問いかけが変化を起こす
詩的隠喩の原理	私たちは何を検討するかを選ぶことができる
予期成就の原理	イメージがアクションを刺激する
ポジティブ性の原理	ポジティブな質問がポジティブな変化へと導く
全体性の原理	全体性が最善のものを引き出す
体現の原理	望む変化のように行動することが実現を可能にする
選択自由の原理	自由な選択がパワーを解き放つ

るでしょうか？」といったように、ポジティブで深い問いを連ねるからこそポジティブな変革へのパワーがみなぎってきます。

□これも知っておくと便利

AIは、日ごろの仕事から離れ、ワークショップを駆使してイベント的にやるものです。だからといって、日常の問題解決に使えないわけではありません。それが、潜在力をポジティブなパワーに変える**アプリシエイティブ・リーダーシップ**（価値探求型リーダーシップ）です。

①インクワイアリー（Inquiry）
　問いかけがポジティブな力を引き出す「強み発掘思考」
②イルミネーション（Illumination）
　人や状況に秘められた力を引き出す「価値見える化思考」
③インクルージョン（Inclusion）
　メンバーを巻き込み、やる気を高める「つながり拡大思考」
④インスピレーション（Inspiration）
　クリエイティブな精神を呼びさます「ワクワク創造思考」
⑤インテグリティ（Integrity）
　全体を見すえ、最善の方法を選ぶ「みんなの利益思考」

全部は説明できないので①を例に挙げます。事例４を思い出してみてください。部長氏が発した「なぜできないんだ？」という問いでは、D課長の前向きな力を引き出せません。それを、「うまくいったことは何なのか？」「どんな努力と工夫によって、そこまで持っていけたのか？」と問いかけを変えれば、ずいぶん違った議論になったはずです。

「どうするつもりだ？」という質問にしても同じです。「どんなことならやってみたいと思う？」「私が貢献できることはない？」とすれば、打開策が見つかったかもしれません。ポジティブな力はポジティブな問いが引き出すことを肝に銘じておきましょう。

参考文献：D.ホイットニー他『ポジティブ・チェンジ』（ヒューマンバリュー）
　D.ホイットニー他『なぜ、あのリーダーの職場は明るいのか？』（日本経済新聞出版社）

Column 4

期待をかければ伸びる?

ポジティブに考え、ポジティブに行動することは、思わぬ成果を私たちにもたらしてくれます。

たとえば、親や教師が子どもに接するときに、「あなたはできる人なのだ」という期待を込めて接すれば、実際に成績が伸びるといわれています。ギリシャ神話の女神の名前をとって「ピグマリオン効果」と呼ばれています。「期待に応えよう」という気持ち（返報性）が努力に結びついた結果、そうなるのかもしれません。

逆に、「どうせお前は…」と期待をしないせいで、実際に成績が下がってしまうことを「ゴーレム効果」と呼びます。これが本当なら、どんな子だろうが、とりあえず期待をかけておいたほうが良さそうです。親馬鹿もあながち悪くないという話になります。

また「自己成就予言」と呼ばれる現象もあります。たとえば、「私はリーダーになる！」と予言をした者やそれを受け取った人々が、予言を信じて行動をするようになり、結果として予言どおりの結果（リーダーになる）が得られる現象のことです。

「自己選択」に加えて、一貫した思考や行動をしようとする「一貫性の原理」が働いてそうさせるのかもしれません。「そう言うからには、それだけの資質があるんだろう」と見られ、チャンスが増えることもあるでしょう。

これも、逆があり、「そんなの無理かも？」「なんであいつが？」と予言を否定的にとらえて、かえって予言が成就できなくなってしまった、という現象です。「自己破壊予言」といいます。

このように、自分や相手に対するポジティブな期待がポジティブな結果を生みます。ポジティブな気持ちを持つことは、問題解決にプラスに作用しそうです。しかしながら、期待はどんどんエスカレートしがちであり、分不相応に過剰な期待をかけると、重圧につぶれてしまいます。

今の世の中、ポジティブ派が優勢ですが、人間の体の仕組みがそうであるように、アクセルとブレーキをどう使い分けるかのバランスの問題だと思います。そこにこそ私たちの本当の智恵があるような気がします。

第5章

対立解消アプローチ

ジレンマから抜け出す

23　協調的交渉術……ウィン・ウインの解決策を考える

24　制約理論（TOC）……二項対立の罠から抜け出す

25　信念対立解明アプローチ……価値観の違いを乗り越える

26　システムシンキング……悪循環の構造を打破する

27　免疫マップ……自己防衛本能に打ち勝つ

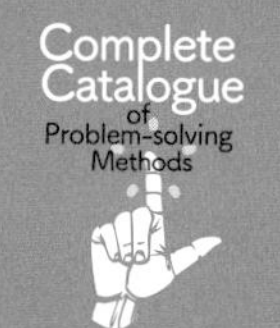

事例5

あちらを立てれば、こちらが立たず

今日は帰らせてもらう！　そう言って席を立つ宣伝課長の後ろ姿を見送りながら、あらためて問題解決の難しさを感じたEさんでした。

Eさんの勤める会社は、新興国の台頭のあおりを食って、苦境に立たされています。早急に何か手を打たないと赤字に転落してしまいます。そのため、課長レベルで経費削減について議論することになりました。

会議の冒頭で、宣伝課の費用について、経理課から厳しい指摘がありました。無駄な宣伝費を削って、前期比50％減にしろというのです。そこにかみついたのが、マーケティング部門の代表である宣伝課長です。

「冗談じゃない。そんなこと、絶対に飲めません」

「でも今は、商品力が決定的に不足していて、いくら宣伝をかけても売上につながらないんじゃありませんか？」

「それはまったく逆。こういう時期だからこそ、宣伝をしてブランド力を底上げしないと。それとも、経理課は、売上が落ちてもいいって言うのですか？」

「誰もそんなことは言っていませんよ。売上がないと会社が持ちません」

何とか仲を取り持ちたいEさんですが、どうしてよいか分かりません。

「だったら、宣伝費は削れませんね。宣伝の後押しがなくて、どうやって売るんですか。頑張りだけで数字が上がれば誰も苦労しませんよ」

「そうじゃなくて、他のやり方ができないか、そこを訊いているんですよ。“金”が使えないなら、“頭”を使ってほしいんです。分かる？」

この発言に、他の参加者たちがEさんに「早く止めろ」と目配せします。どう声をかけようか、言葉を選んでいるうちに…。

「そんなことを言うなら、あんた一度、マーケティングをやってみたらどうなの。ご自慢の、その頭を使ってね」

「それはこっちの台詞。あんたこそ一度会社の財布を預かってみればいいんだ。こんな状況で、他にどんな手があるというんですか！」

「だったら、自分の給料でもカットしたらどうだ。あんたとは話にならん。今日は帰らせてもらう！」

誰も予想しなかった展開となって、突然幕を閉じた今日の会議でした。

ジレンマが問題解決を阻んでいる

このような話はどこにでも転がっています。経理課の要望を通せば、宣伝課が不利益を被ります。かといって、宣伝課の言い分を飲めば、経理課は困ってしまいます。両者の要望は同時に並び立つことはできず、**ジレンマ**があるのです。

仮に、宣伝課が言いくるめられて、相手の言い分を飲んだとしましょう。今度は、課内を説得しないといけません。「どうして、OKしたんだ」「そんな勝手な要望はつき返せ！」と猛反発をくらう恐れもあります。今度は、課長と課員との間で対立が生まれてしまいます。これではいつまで経っても経費の削減はもとより、赤字から脱却するという問題が解決できません。

つまり、問題がなぜ解決しないかと言えば、ジレンマがあるからです。アイデアはあっても、あちらを立てればこちらが立たずとなって、解決策が見つからないのです。

そのジレンマを腑分けして、みんなが満足する解決策を考えよう。そのための一連の手法を**対立解消アプローチ**と名づけることにします。

図5-1　よくある対立軸

このアプローチは前章までとは違い、ダイナミック（動的）な取り組みとなります。相互に影響し合う複数の要素が連結しており、全体を満たす解を見つけないと解決に至らないからです。前章までとは違って、システム的な発想が求められる問題解決となります。

このアプローチが威力を発揮するのは、言うまでもなくジレンマやトレードオフがあるときです。深刻な対立や利害関係がぶつかり合うときに心強い味方になってくれます。対象はモノでもコトでもヒトでもよいのですが、やはり一番向いているのは、先ほどの事例のようなヒトが絡む問題です。

ジレンマをとらえる2つのモデル

私たちは、常にジレンマを抱えて生きています。「やりたくても、できない」といったように自分の中にもありますが、「上司は〇〇しろというが、自分は△△したい」のように対人関係の中にもあります。それが大きくなったのが、社会が抱えているさまざまな紛争です。

しかも、多くの問題は１人では解決できず、たくさんの人の納得と協力が必要となります。人が違えば考え方も違います。そこにジレンマを生み出す大きな要因があります。問題解決とは、とてもヒューマンな行為なのです。

私たちが抱えるジレンマを細かく見ていくと２種類あります。どちらのモデルを取るかで解決の仕方が少し変わってきます。

1）対立

対立（コンフリクト）とは、反対の立場を取る２つのものが並び立っていることです。衝突、葛藤、紛争といった言い方もします。欲求、要望、主張、利益が競合している状態です。

図5-2　対立と悪循環

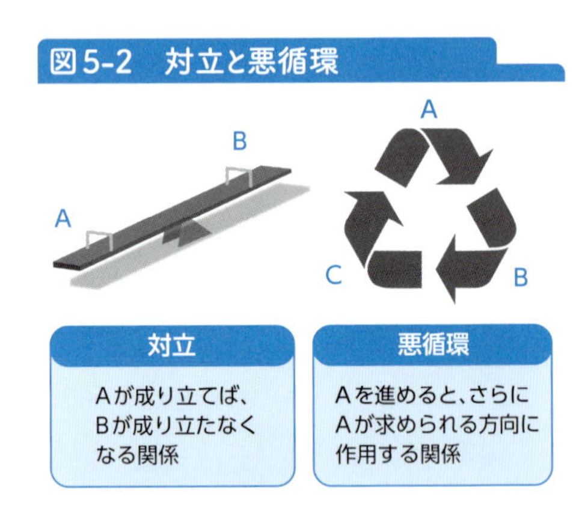

冒頭の事例がその典型です。経理課の主張（利益）を

通せば、宣伝課の主張（利益）が通りません。相反する利益をどうやって分け合うかを議論して、問題解決を図ることになります。必ずしも２者とは限らず、購買課、総務課と利害関係者が増えても構図は同じです。増えれば増えるほど、解決が難しくなります。

2）悪循環

仮に、経理課が完全勝利して、宣伝費が50％削減になったとしましょう。そのあおりを食って売上がダウンしたとします。そうなると、また経理課では宣伝費のカットを画策することになります。自分の利益が不利益となって返ってきてしまい、構造そのものが問題をはらんでいます。

このように、相対している要素を循環（ループ）構造でとらえることもできます。これがジレンマのもうひとつのとらえ方です。問題とは悪循環の構造だという見方です。そこから抜け出ないと真の問題解決になりません。これこそダイナミックなアプローチの真髄です。

□他のアプローチを組み合わせて使おう

いろんな利害を調整してひとつの解決策に至るのが、対立の解消による問題解決です。必然的に、**最適化原理**（➡P078）は望むべくもなく、**満足化原理**（➡P078）で解決を図るしか手がありません。

両者の主張を足して２で割ったような答えでは、一応の問題解決はできても、満足度が上がりません。不満が募って、いずれ問題が再燃する恐れもあります。斬新な発想があってこそ、異なる欲求に折り合いがつけられます。部分的に**創造的アプローチ**（➡P045）を組み合わせるとうまくいきます。

また、デッドロックになってしまった対立を解消するには、どこかで自分の考え方の枠組みを大きく転換しなければなりません。そういうときは**認知転換アプローチ**（➡P153）の出番となります。

このように、根深い対立を解消するのは一筋縄ではいきません。使えるものは何でも使おうという姿勢が大切です。基本的な考え方を理解した上で、自在に他のアプローチを組み合わせ、目的やテーマに応じてアレンジして使ってみてください。

No.23

協調的交渉術

…………ウィン・ウインの解決策を考える

ジレンマを起こしている目の前の主張や
現象にとらわれることなく、
その裏にある本当の欲求（ニーズ）を探し出し、
それらが両立できるような代替案を考えれば、
ジレンマが解消できます。

□基本的な進め方

対立を含む問題解決を考える際に参考になるのが交渉術です。交渉とは、駆け引きをして自分に有利な結論を得るためのものではありません。異なる意見や利害を調整して、お互いが納得できる合意を目指すものです。対立解消（コンフリクト・マネジメント）の手段なのです。

私たちの社会は対立や紛争だらけであり、民族や文化によってさまざまな智恵が培われ、いろんな手法が開発されてきました。中でも**協調的交渉術**はどんな場面でも使えるスタンダードな方法です。

ADR（法廷外紛争解決）における調停（メディエーション）もほとんど同じ流れになっています。交渉に限らず、ジレンマを含んだ問題に幅広く応用できる優れものです。先ほどの事例5を元に流れを説明します。

Step 1 立脚点を明らかにする（ポジション）

まずは、お互いの意見や主張を明らかにして、要求や得たい利益を明確にします。立ち位置をはっきりさせて、どこに対立があるかを特定します。経理課は宣伝費を50%削減したい、宣伝課は削減には一切応じられないと。

実際の交渉では、相手に同意せずに理解することが大切です。互いに話をしっかり聴いて相手の背景を知り、相手の立場で理解するようにします。

Step 2 本当の欲求を発見する（ニーズ）

その上で、欲求の裏にある本当のニーズを探っていきます。なぜ、宣伝課は一歩も譲れないのか。それは、売上アップに賭けたいのかもしれません。あるいは、それを受け入れるとセールスの士気が下がるからかもしれません。

そうやって、互いの主張の奥底にある、本当のこだわりや大切にしているものを見つけ出すようにします。一般的に、意見よりニーズのほうが普遍的であり、誰にも理解されやすく共感も得られやすくなります。

Step 3 問題を再設定する（イシュー）

目指すのは、意見を両立させることではなく、双方のニーズを満たすことです。意見は相反していても、ニーズなら両立できるかもしれません。「セールスのやる気をアップさせる業績向上策を考える」といったように。これなら、両者が折り合える新たなアイデアが出てくるかもしれません。つまり、“解けない”問題を、“解ける”問題に転換するわけです。

Step 4 代替案を検討する（オプション）

新たに設定をした問題の解決策を**ブレスト**（➡P050）します。最初の意見はそのひとつに過ぎません。「宣伝費はカットするが事務部門からセールスの応援を出す」「全社員の給料をカットしてセールス費用に充てる」といった、

図5-3 協調的交渉術の流れ

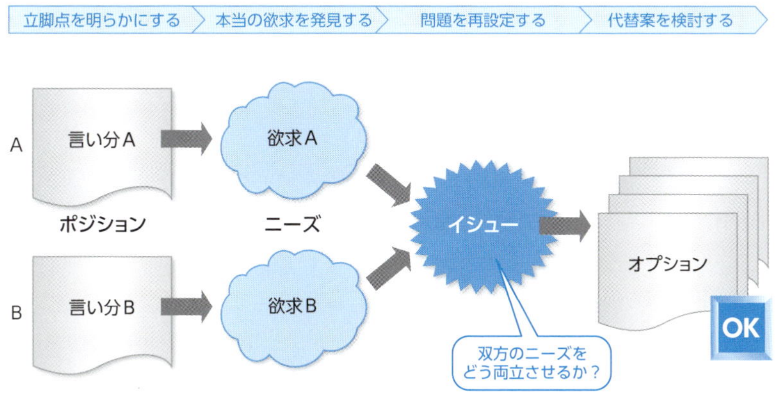

立脚点を明らかにする ＞ 本当の欲求を発見する ＞ 問題を再設定する ＞ 代替案を検討する

双方のニーズを満たす方法（建設的な提案）を、思い込みを捨てて考えていきます。そうやって集まった代替案の中でベストな解決策を選びます。

□実践のポイント

現実の場面でこのプロセスを進める際に大切なのは、人と意見を切り分けることです。仮に意見が自分にとってあり得ないとしても、それを主張する人間があり得ないわけではありません。意見と意見のぶつかり合いを、人と人との紛争にしてしまったら、解決ができなくなります。相手の言い分や立場は十分に尊重した上で、利害に折り合いをつけることを考えます。

自分が正しくて相手が間違っていると思っては、この話は進みません。「どちらが正しいか？」といった判断を保留して、「どのように意見が違っているか？」と、違いだけに焦点を当てます。その上で、なぜ意見が食い違うのかを考え、本当のニーズを探っていきます。

ここが一番難しいステップです。自分ですら本当のニーズに気づいていない場合もあるからです。そういうときは、「なぜ？」という理由を尋ねる質問や、「何のために？」という目的を尋ねる質問を繰り返していきます。**バリューグラフ**（➡P069）を併用するのも良い方法です。言葉が難しい場合は、相手の振る舞いや口調から予想をして、仮説をぶつけてみるしかありません。

ただし、闇雲に理由を尋ねても本当の答えは返ってきません。「本当のことを話しても不利にならない」「相手は自分の利益のために尋ねているのではない」という気持ちになったときに、本当のニーズが出てきます。

また、その名の通りこの手法で目指すのは“協調的”な対立の解消です。**ウィン・ウィン（Win-Win）アプローチ**と呼ばれているものです。

やり方は大きく2通りあります。ひとつは、片方の言い分を認めつつ、もう片方の言い分を別の手段で実現していく方法です。**交換による解決**と呼ばれています。先ほどの事例5で言えば、「宣伝費はカットするが事務部門からセールスの応援を出す」といった解決策です。

もうひとつが、**創造による解決**と呼ばれる方法です。「全社員の給料をカットしてセールス費用に充てる」といったように、互いに協力し合って、対立の大元となっているもの（資源の制約など）を打ち壊し、対立が起きないようにしようというものです。

□これも知っておくと便利

交渉術というと**ハーバード流交渉術**（原則立脚型交渉）が有名です。そこで用いる４つの原則は、交渉一般に使えます。

①人と問題とを切り離す
②立場ではなく利害に焦点を合わせる
③決定する前に多くの選択肢を考える
④客観的な基準に基づいて結論を出す

合理的決定アプローチ (➡P075) に近いロジカルな印象を受けますが、コミュニケーションのスタイルによって雰囲気はずいぶん変わります。**積極的傾聴**（アクティブ・リスニング）と呼ばれる相手に共感する話の聴き方ができれば、「共に解決を目指そう」という信頼関係を築くのに役に立ちます。

図5-4　4つの解決アプローチ

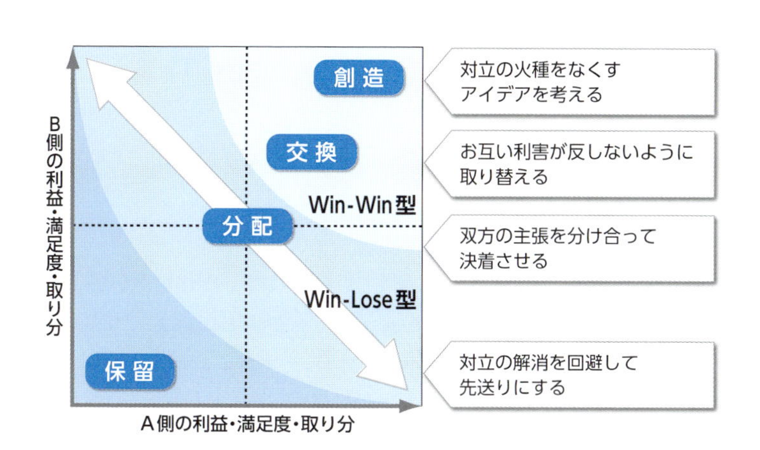

参考文献：鈴木有香『コンフリクト・マネジメント入門』（自由国民社）
R.フィッシャー他『ハーバード流交渉術』（知的生きかた文庫）

No.24

制約理論（TOC）

……………二項対立の罠から抜け出す

ジレンマが解消できないのは、
目的と手段をつなぐ前提条件に誤りがあるからです。
思考のボトルネックとなっている
前提条件を見つけ出し、柔軟に発想できれば、
二項対立の罠から抜け出せます。

□基本的な進め方

生産現場での最適解を求めるためにE. ゴールドラットがつくり上げた**制約理論**（TOC：➡P030）。それを問題という制約の解消に応用するために開発されたのが**対立解消図**（クラウド）です。ヒトはもちろんのこと、モノやコトでも幅広く使える便利なツールです。

TOCにおいては「問題とはジレンマである」ととらえ、それが解消できないのは前提条件に誤りがあると考えます。ある目的に対して「これしか方法がない」と手段を限定してしまうのがジレンマの元になっています。

ひとつ例を挙げます。ある老舗旅館で経営方針を巡って対立が起こっているとしましょう。従来の接客サービスを維持したい守旧派と、それを省いたコストで新たな魅力をつくり出したい革新派の対立です。こんなときこそ対立解消図の出番となります。

Step 1 要求を明らかにする

「接客サービスを維持する」「接客コストを他に振り向ける」といった具合に、それぞれの主張（要求）を具体的な行動として書き出します（図5-5のa、b)。

両者がコンフリクトを起こしてジレンマになっていることを確認します。

Step 2 ニーズを洗い出す

それらの行動は何を実現するためのものなのでしょうか。それぞれの行動の目的を探します（図5-5のA、B)、分かりにくければ、「aしたい。なぜならAしたいから」と考えてみるとよいでしょう。たとえば、接客サービスを維持したい。なぜなら常連のお客様を守りたいから、といったように。

Step 3 共通目的を見つけ出す

同じように問いかけて、異なる2つのニーズは、おのおの何を実現するためにおこなわれるのかを考えます。それが「売上を拡大したい」といったように一致すれば、両者の共通目的となります。一致しなければ、するまで上位目的をさかのぼって調べて見ていきます。

この共通目的を実現するためには､AかBのどちらかが（あるいはAもBも）必要です。逆に言えば、AとBは、共通の目的を達成するための必要条件となります。aとbは、AとBを実現するための前提条件となります。

Step 4 仮定を疑いアイデアを出す

ここまで考えてきた仮定を疑ってみましょう。それが思考の**ボトルネック**(➡P028)になっている可能性があります。たとえば､常連のお客様を守るには、接客サービスを維持しなければなりませんか。接客コストを抑えながら、常

図5-5 対立解消図

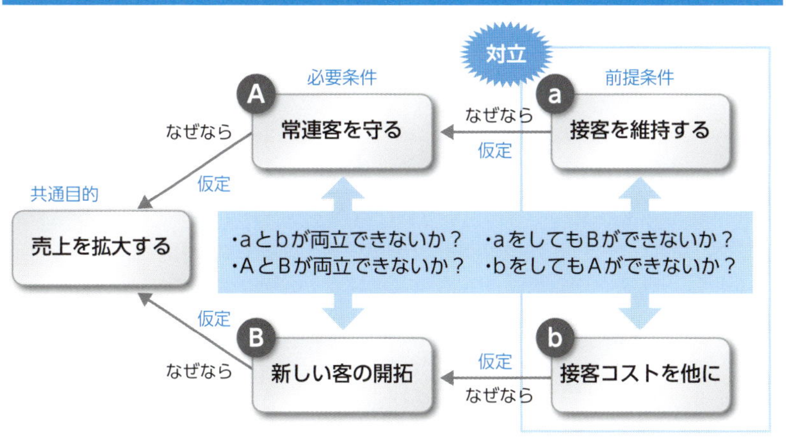

連のお客様を満足させる手はありませんか。常連のお客様を守りながら新しい顧客の開拓はできないのでしょうか。

そうやって、暗黙のうちに正しいと思っている前提を打ち破り、他のやり方で成り立つ道がないか、代替案をたくさん出していきます。きっと、ジレンマを解消する第三の道が見つかるはずです。そうやって「二者択一しかない」という思い込みを打ち破るのが対立解消図です。

□実践のポイント

TOCの手順は**協調的交渉術**（➡P132）とよく似ており、よりシステマティックに考えられるよううまくデザインされています。原因と結果(因果関係)、目的と手段（必要条件）のつながりを考えるところに特徴があります。

この手法が使えるかどうかは、共通目的が見つかるかどうかにかかっています。会社をはじめ組織で起こる問題は、必ず共通目的が見つかります。見つかれば、間違いなく解決策が見出せます。

逆に、見つからなければ対立の解消は難しくなります。典型的なのが社会的な問題です。たとえば、シャッター通りとなった商店街には、そこに住み続けている人と住居を移して資産目的で保有している人がおり、共通の目的を見出すことが困難です。

共通の目的があるかどうかの見分け方は簡単です。議論のテーブルに乗る話は、必ず共通の目的があります。あるからこそ議論しているのであり、なければわざわざ議論する必要がありません。

また、対立解消がうまくいくかどうかは、思い込みを打ち破るアイデアが出るかどうかにかかっています。ところがそんなアイデアは、今までの常識を越える突飛なもの。「それができれば苦労しないよ」と言われる恐れがあります。TOCでは、ありえないという意味で“空飛ぶブタ”と呼びます。

せっかくの優れたアイデアも実行されなかったら絵に描いた餅です。空飛ぶブタをどうにかして地上に引き下ろさないといけません。

そのためには、解決策を実行したときのメリットをしっかりと関係者に伝えることです。それと同時に、障害を乗り越えて実現可能であることを、具体的なやり方を提示したり、実際の行動を使って示すことです。逆にデメリットやリスクについては、対処法や副作用を抑える方法をあらかじめ考えておき、早急に手が打てるようにしておきます。

☐これも知っておくと便利

TOCにおいては、対立解消図に加えて、**現状問題分析ツリー**や**未来問題構造ツリー**など、日ごろの問題解決で使える分析ツールがたくさん用意されています。反面、アイデアの部分はあまり手当てがされておらず、ロジカルにアイデアを出すことは難しいのかもしれません。**創造的アプローチ**（➡P045）や**認知転換アプローチ**（➡P153）を併用するとよいでしょう。

加えて、対立解消図は問題解決の道具であって、組織開発の道具ではありません。素晴らしく思えるアイデアでも、心理的な抵抗から賛同が得られないときがあります。慣れたやり方を捨てたり、既得権を失うことへの恐れがあり、心理的なジレンマがアイデアを拒もうとするのです。それを隠して、“そもそも論”を持ち出し、やり方に文句をつける人もいます。そういうときは**ホールシステム・アプローチ**（➡P179）の力を借りるのが得策です。

図5-6　現状問題分析ツリー

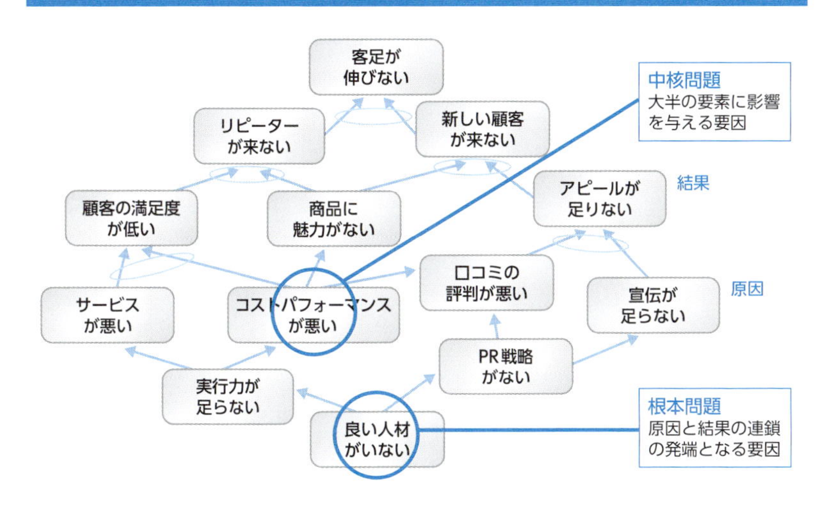

参考文献：E.ゴールドラット『ザ・ゴール 2』（ダイヤモンド社）

No.25

信念対立解明アプローチ

……………価値観の違いを乗り越える

当人が持っていた志向性に、
何かが契機となって作用して信念が生まれます。
そんな信念の成り立ちをひも解き、
信念にゆらぎを与えれば、
ジレンマを解消する新たな解決策が見つかります。

□基本的な進め方

意見の対立がなかなか解消できない。そんなときよくあるのは、意見の裏にある信念や価値観が対立しているというケースです。こういったものは簡単には変えられず、折り合いをつけるのも大仕事です。

京極真が開発した**信念対立解明アプローチ**は、まさにそういうときに役立つ手法です。元々は、医療現場で職種を越えてチーム活動するときの対立を解消するために考え出されました。哲学的で少し難解な手法ですが、考え方はいろんなシーンに展開できます。エッセンスを取り出して、筆者なりの言葉で解説することにします。

Step 1 信念の構造を自覚させる

たとえば、チームで仕事をするときに「トコトン派」「ソコソコ派」が対立することがあります。やれる限り徹底的にやろうという人と、やれる範囲でやれるだけやろうという人の対立です。

それらの人に「どうしてそうなの？」と質問をすると、「トコトン派：常に全力を出すべきだ」「ソコソコ派：無理をすると後でひどい目に遭う」という**信念**の対立が露（あらわ）になります。ここで言う信念とは「自分が正しいと信じている考え」であり、意味や価値に関して大切にしている原理です。

　このアプローチがユニークなのは、信念を次のようなモデルで考えるところです。本人が元々持っていた**志向性**（関心や目的）が、何かの**契機**（経験や出来事）によって信念になったと仮定します。

　それを明らかにするために、「何のためにそれにこだわるのか？」「そう思うようになったキッカケは？」と質問をして、信念の構造を自覚させるようにします。さらに、「相手はどんな関心があると思いますか？」「○○な経験をした人は、どう考えるようになると思いますか？」と、相手の信念への理解も促進します。

Step 2 信念を相対化させる

　このモデルで考えれば、同じ人でも、たまたま違った事件に遭遇していれば、違った信念を持ったかもしれません。そのときの関心次第では、違う解釈が生まれたかもしれません。

　つまり、信念とは、鍛え抜かれた確固たる原理原則ではなく、案外危ういものです。どんな揺るぎない信念であっても、必ず疑う余地はあります。

「何を根拠にそう言うのですか？」「どうしてそれが正しい（間違い）と言い切れるのでしょうか？」と迫れば、信念にゆらぎが与えられます。

図5-7　信念対立解明のワークシート

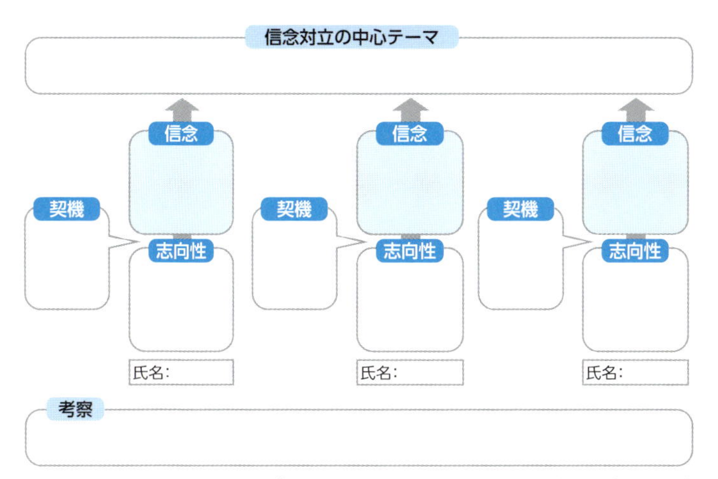

出所：京極 真『医療関係者のための信念対立解明アプローチ』（誠信書房）

ときには「じゃあ、○○をすればいいんですよね？」と、信念を極端に推し進めて、矛盾が露呈することを感じさせるのも効果的です。

Step 3 共通の目標（関心）を見つけ出す

信念の対立を越えて、双方がともに了解できる共通の関心や目的を探します。いわばメタレベルの**超志向性**です。Step 2で自分の信念へのこだわりが薄れていれば、「どんなことが共通の目標として考えられますか？」と問いかければ、必ず見つかるはずです。その上で、「どんな方法ならそれが達成できますか？」と具体的な取り組みへと意識を向けていきます。

□実践のポイント

人は、対立が起こると、「どちらの信念が正しいか？」の論争をしてしまいがちになります。いわゆる"べき論"です。

ところが、それは関心と経験に培われたものであり、他人が変えようがありません。変えようと説得すればするほど抵抗を生み、かえって溝が深まってしまいます。

第一、世の中に100%正しい信念なんてどこにも存在しません。どちらも、それぞれの立場においてはそれなりに正しく、それなりに間違っているものです。

つまり、互いが抱いている信念そのものが悪いのではなく、「ビター文まけられない」と絶対視してしまうことが悪いのです。そこに風穴を開けるのが信念対立解明アプローチです。信念を変えるのではなく、少し緩めておこうという作戦です。

なので、これは問題を"解決"するのではなく、対立を"解明"する手法です。

互いの信念が「いついかなる場合もそうでなくてもいいか…」と緩められれば、対立が生まれなくなります。問題を解決するのではなく、そもそも問題をなくしてしまおうというのです。この点は、**認知転換アプローチ**（➡P153）と考え方が同じです。結果的に折り合いがつくアイデアで決着するかもしれませんが、最初からそれを狙っているわけではありません。

うまくいく秘訣は質問のスキルにあります。ここぞというときに相手に深く考えさせる質問ができるか。力の込め方やちょっとした間合いひとつで相手に迫る効果が大きく変わってきます。

□これも知っておくと便利

質問のスキルが十分でない方にお勧めするのが**ワークショップ**です。「基本的な進め方」で挙げた問いを議題にし、ホンネで対話する場を開くのです。

先ほど述べたように、私たちの意見や要求の元になっているのが、大切にしている信念や価値観です。それが生まれる元になっているのが、契機となった出来事や育った環境、すなわち経験です。

普段のコミュニケーションや会議では、なかなか経験までさかのぼって考えることはできません。問題解決を考えるといっても浅いレベルの話し合いで終わってしまい、なかなか本質的なところまで踏み込めません。

それに対してワークショップでは、当事者全員が主体的に参加するなか、経験を元に対話を重ねていきます。それぞれの経験やその意味を振り返ったり、他人の経験談を聴くことで疑似体験したり…。だからこそ、信念をほぐしたり、今まで学んだことを組み替えたりができるわけです。

加えて、ワークショップでは、互いの思いが共振して、予期せぬこと（創発）が起こりやすくなります。みんなの心の中に少なからずあったものが、たまたま誰かの口から出たり、行動となって現れるのです。そうすることで、自分や他者に対する大きな気づきが得られます。信念の対立がなかなか解けないときは、少し時間を取ってワークショップをやってみてはいかがでしょうか。

図5-8　ワークショップ

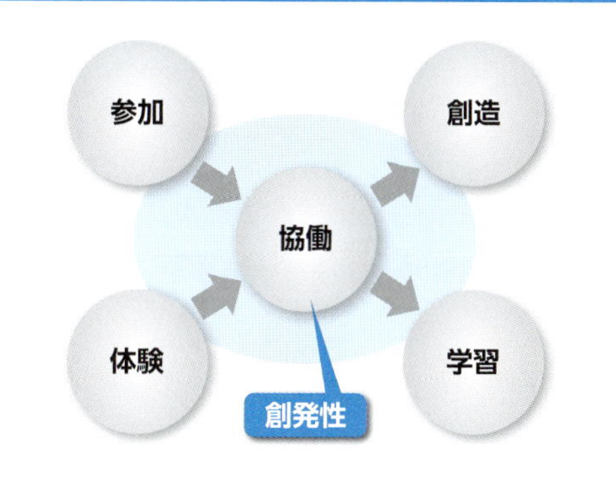

参考文献：京極 真『医療関係者のための信念対立解明アプローチ』（誠信書房）
堀 公俊、加藤 彰『ワークショップ・デザイン』（日本経済新聞出版社）

No.26

システムシンキング

悪循環の構造を打破する

**多くの要因が絡む複雑な問題の多くは、
少なからず悪循環に陥っています。
要因と要因との関係を丹念に「見える化」すれば、
一目で全体の構造がつかめ、
構造を変えるアイデアが見つけやすくなります。**

□基本的な進め方

P.センゲが「学習する組織」の要素として重きをおく**システムシンキング**。**ロジックツリー**（➡P020）のような単純な論理思考で解けない問題に対して、要素同士の因果関係を動的に分析し、全体構造を把握する思考法です。

たとえば、企業の業績が悪化したので人員削減を断行したとしましょう。当面はそれで業績が上向くかもしれませんが、ノウハウの喪失やモチベーションの低下を招き、長い目では業績に悪影響を及ぼしかねません。そうなると、またリストラせざるをえなくなり、悪循環に陥ってしまいます。個々の要素ではなく、構造そのものに問題があるのです。

世の中に単純な因果関係で表せるものは少なく、ほとんどは原因と結果が絡み合った循環構造をなしています。いわゆる「負のサイクル」です。構造を変えることでしか解決がつかず、システム的な思考が役立ちます。

Step 1 因果ループ図を作成する

問題（テーマ）を設定して、問題に関係すると思われる要素を洗い出し、原因と結果の関係を矢印で結んだ**因果ループ図**を作成していきます。

ある要素の増加（減少）が他の要素の増加（減少）につながれば、同方向（S）の関係にあるとします。逆に、他の要素の減少（増加）につながれば、逆方向（O）の関係にあるとします。

そうすると、要素間の関係は２種類に区分けされます。変化を強化する方向に動く**拡大ループ**（R）と、変化を抑制する方向に動く**平衡ループ**（B）です。中には、フィードバック効果が現れるのに時間がかかるケースもあり、遅れも考慮しなければいけません。

こうすることで、要素と要素の関係がヌケモレなく調べられ、予期せぬ波及効果による失敗を防げます。問題の全体像が把握でき、裏に隠れたメカニズムに注目が集まり、全体最適の問題解決がしやすくなります。

Step 2 原型を見極め、対処法を検討する

因果ループ図ができたら、全体構造を理解した後に、どの**原型**（プロトタイプ）に当てはまるかを議論します。原型が分かったら、陥りやすい過ちや取るべき対処法を共有し、具体的にどんな打ち手があるかを検討します。

たとえば、先ほど挙げた人員削減の話は、「応急処置の失敗」というパターンです。このパターンでは、対症療法的な策を打ちながら、抜本的な解決策を並行して検討・実行していけば、悪循環を防ぐことにつながります。

図5-9 因果ループ図の描き方

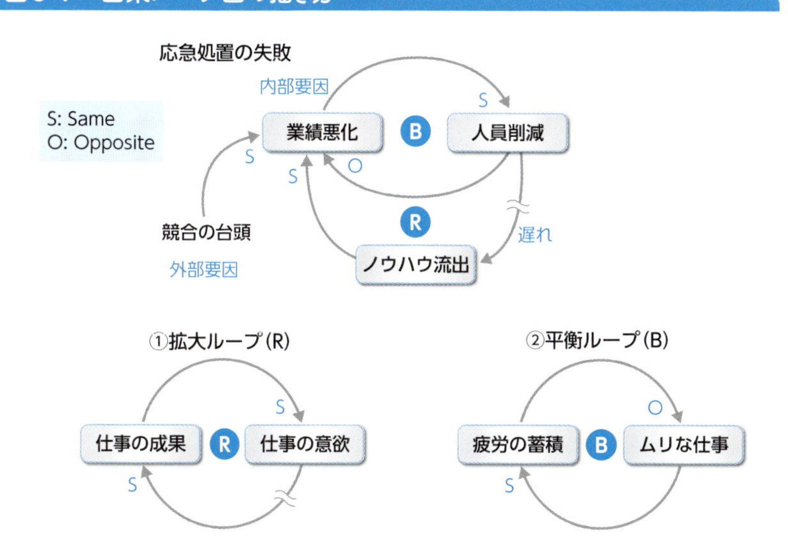

Step 3 構造を変えるアイデアを考える

原型に対処するだけでは足らない場合は、問題の構造そのものを変えられないかを考えます。ひとつのやり方は、新しい知識、方針、業務プロセスの追加といった、新たなループを加えることです。先ほどの人員削減の例で言えば、リストラ以外の手で業績回復を図るのが該当します。

もうひとつのやり方は、ループを壊すことで、好ましくない結果が現れないようにしたり、弱めたりすることです。同じく先ほどの例では、リストラをしたとしても、社員教育などを通じてノウハウを喪失させないようにしたり、ノウハウを形式知化して社内に残すというやり方です。

実践のポイント

ループ図を作成するのは慣れないと大変です。初めての人は簡単な例題をこなしてから取りかかるほうが無難でしょう。どちらのループかが分かりにくい場合は、グラフを描いて時系列の変化を調べるようにします。

よくあるのは、隠れた要因や予期せぬ波及効果を見落してしまう、という失敗です。忘れている要素がないか、十分に注意を払う必要があります。

かといって、あまりに些細なものまで入れ込んでしまうと、かえって分かりにくくなります。ループ図の目的があくまでも構造の理解であることを忘れないようにしましょう。

原型には、「応急処置の失敗」の他に、「成長の限界」「問題の転嫁」「目標のなし崩し」「共有地の悲劇」「成長と投資不足」「成功には成功を」「エスカレート」などがあります。これらはおおよその対処法が知られており、事前に勉強しておけば、解決策を考えるときのヒントになります。

一方、構造変革を考えるには、**メンタルモデル**を打ち破ることが欠かせません。メンタルモデルとは物事の前提となる考え方です。「業績が悪化すればリストラをしなければいけない」「リストラをすればノウハウ流出は避けられない」というものです。

これらはすべて思い込みであり、「本当にそうなのか？」「他の考え方はできないか？」と前提に疑いをかけていきます。あるいは**ブレスト**（➡P050）などの**創造的アプローチ**（➡P045）を使って、思考の壁を打ち破っていきます。

□これも知っておくと便利

システムシンキングをうまく進めるためには、学習する組織で用いる、問題に対する基本的な見方を習得しておくと重宝します。

私たちは、つい実際に見えている目の前の出来事にとらわれがちです。事実をとらえることは大切ですが、その裏にある**パターン**やトレンドを見ることが、問題の本質を見つけるために欠かせません。どんなことが繰り返されているか、どんな傾向や変化が見て取れるか、を考えるのです。

同じパターンが繰り返されるのは、それを引き起こす**構造**があるからです。構造的な問題がパターンやトレンドに影響を与えているのです。

その構造をつくり上げる元になっているのがメンタルモデルです。前提となっている信念や価値観が問題をつくり上げています。それを壊さないと、構造もパターンも変化させられず、ひいては出来事が良い方向に変わらなくなります。

図5-10　問題を生む基本構造

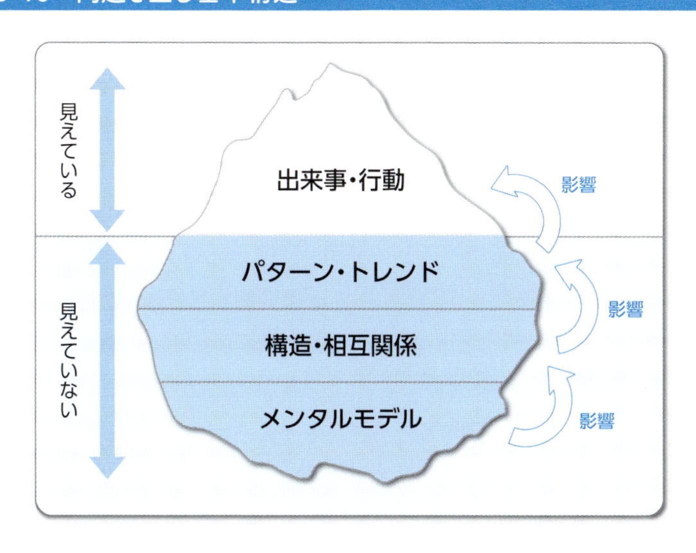

参考文献：D.キム他『システム・シンキングトレーニングブック』（日本能率協会マネジメントセンター）
P.センゲ他『学習する組織　5つの能力』（日本経済新聞出版社）

No.27

免疫マップ

……………自己防衛本能に打ち勝つ

何かを変えようとすると、自分を守る反応が
働いてジレンマを起こしてしまいます。
そのメカニズムをひも解き、
防衛反応の元になる強力な固定観念を緩めれば、
ジレンマが解消できます。

□基本的な進め方

問題とは、変革したいこととそれを阻む免疫機能とのジレンマである。それが、R.キーガンらが開発した**免疫マップ**の基本となる考え方です。今から述べる手順に沿って問題を分析していけば、今まで思いつかなかった斬新な解決策が生まれてきます。

Step 1 改善目標を設定する

免疫マップが使えるのは人や組織の変革に関わる問題です。「妻の話をじっくりと聴いてやれない」「部下に仕事を任せられない」「仕事の話なのに感情的になってしまう」といったものです。

その中で、①自分にとって重要、かつ②周囲にとって重要、かつ③達成には自分の努力が必要な問題をひとつ取り上げます。それを、「妻の話をじっくり聴いてあげるようになる」といった**改善目標**として設定します。自分や組織の何をどう変えたいのか、変革の課題を明らかにするのです。

Step 2 阻害行動を洗い出す

上記の３条件を満たす課題であれば、まったく何もせずに放置してきたとは考えられません。普段、どのような行動を取っている（いない）せいで、変革ができないかを考えてみます。目標達成の足を引っ張る**阻害行動**を洗いざらい列挙するのです。

「途中から口をはさんでしまう」といったように、①具体的に、②行動レベルで、③素直に、たくさん挙げていきます。このときに、その理由や解決策は考える必要はありません。

Step 3 不安感情を探し出す

もし、これらの阻害行動をやらなければ、どんなことが起こり、どんな感情を抱くでしょうか。不安、不快、恐怖、喪失感、怒り、屈辱、いらだち、退屈などを思い浮かべてみます。「言われっぱなしではつまらない」といった**不安感情**を挙げてみるのです。

Step 4 裏の目標を見つける

それらを手がかりにして、阻害行動が目指している**裏の目標**を明らかにします。「妻よりも優れた人間だと思われたい」といったものです。

これらは、不安や恐怖を回避するために持っている免疫（自己防衛）機能です。そのせいで表の目標（アクセル）と裏の目標（ブレーキ）がジレンマを起こしており、それこそが問題の正体です。

図5-11 免疫マップ

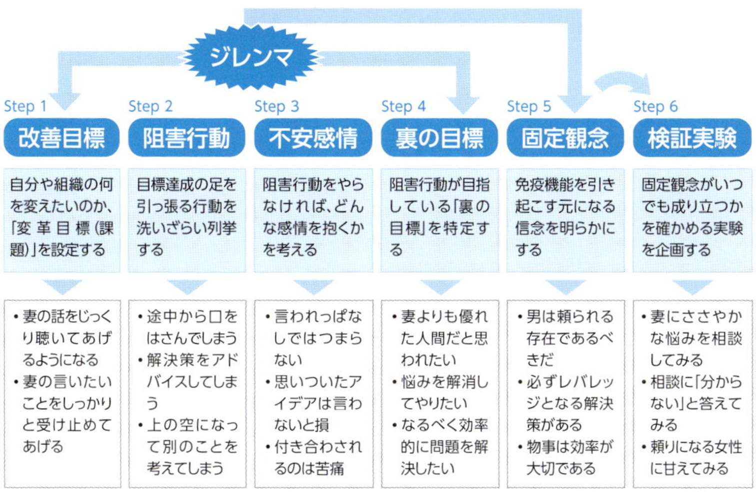

ジレンマ

Step 1 改善目標	Step 2 阻害行動	Step 3 不安感情	Step 4 裏の目標	Step 5 固定観念	Step 6 検証実験
自分や組織の何を変えたいのか、「変革目標(課題)」を設定する	目標達成の足を引っ張る行動を洗いざらい列挙する	阻害行動をやらなければ、どんな感情を抱くかを考える	阻害行動が目指している「裏の目標」を特定する	免疫機能を引き起こす元になる信念を明らかにする	固定観念がいつでも成り立つかを確かめる実験を企画する
•妻の話をじっくり聴いてあげるようになる •妻の言いたいことをしっかりと受け止めてあげる	•途中から口をはさんでしまう •解決策をアドバイスしてしまう •上の空になって別のことを考えてしまう	•言われっぱなしではつまらない •思いついたアイデアは言わないと損 •付き合わされるのは苦痛	•妻よりも優れた人間だと思われたい •悩みを解消してやりたい •なるべく効率的に問題を解決したい	•男は頼られる存在であるべきだ •必ずレバレッジとなる解決策がある •物事は効率が大切である	•妻にささやかな悩みを相談してみる •相談に「分からない」と答えてみる •頼りになる女性に甘えてみる

出所：R.キーガン他『なぜ人と組織は変われないのか』（英治出版）

Step 5 強力な固定観念を探す

おそらく、免疫機能は何らかの強い信念によって引き起こされているはずです。たとえば、「男は頼られる存在であるべきだ」というように。**固定観念**の中で特に強力なものを探し出します。

Step 6 検証する実験を企画する

だからといって、それを捨て去ろうとしても免疫機能が働きます。少し緩めてみることを考えます。具体的には、いつどんな場合も成り立つかどうかを確かめる実験（例：妻にささやかな悩みを相談してみる）をやってみます。それで支障がなければ、少しずつ緩め方を広げていきましょう。

□実践のポイント

人と組織が変わらないのは、**技術的な問題**（やり方の問題）ではなく、**適応的な問題**（考え方の問題）です（➡P206）。にもかかわらず、前者で解決を図ろうとしてしまうところに多くの誤りがあります。逆もまたしかりで、どんな問題に免疫マップを使うのか、使いどころを間違えないようにしましょう。

実際にやる場合には、１人でやるのか、グループでやるのかの使い分けが必要となります。というのは、少なからず意識の下に隠していた、人に知られたくない嫌な面に向き合うことになるからです。１人でやるほうが安心して内省できます。

反対に、みんなでやると他人の分析や自己開示を参考にして、１人では分からなかった点に気づかされたりします。どちらでやるかは、安心・安全の場をつくることができるか、メンバーの関係性にかかってきます。

ときには、裏の目標が見つからないときがあります。あまりに当たり前になっていたり、意識の奥底にしまっていたりするからです。そういうときは、普段の行動や経験を思い出して、想像力を十分に働かせて、不安感情を徹底的に洗い出すようにします。

また、最後の固定観念を緩めるためのテストの設計も重要です。ともすると、固定観念を一変させるような大それたテストを考えがちになります。そうではなく、①安全で、②ささやかで、③実行可能な、④リサーチ、⑤テストです。英語の頭文字をとって**スマートテスト**（Smart test）と呼びます。

やってみると、案外、周囲からの反応は以前と大きく変わらないもの。「そんなつまらないことにこだわっていたのか」と手放しやすくなります。**信念対立解明アプローチ**（➡P140）でも応用できる優れたやり方です。

□これも知っておくと便利

K.レヴィン考案の**フォースフィールド分析**も、変革を二律背反でとらえるという意味では免疫マップと似ています。

現在のポジションを中心の1本の線として表し、左側に問題解決を後押しする要因（推進力）を、右側に阻害する要因（抑止力）を書き出していきます。そのときに、個々の力の大きさを、矢印の長さや太さでビジュアルに表現します。そうやって、現状の推進力と抑止力のせめぎ合いを理解します。

その上で、自分たちでコントロールできる力に着目し、「この抑止力を弱める方法は？」「この推進力を強める方法は？」「新たに付け加えられる推進力は？」といった具合に、現状を目標に近づける方策を考えていきます。

図5-12　フォースフィールド分析

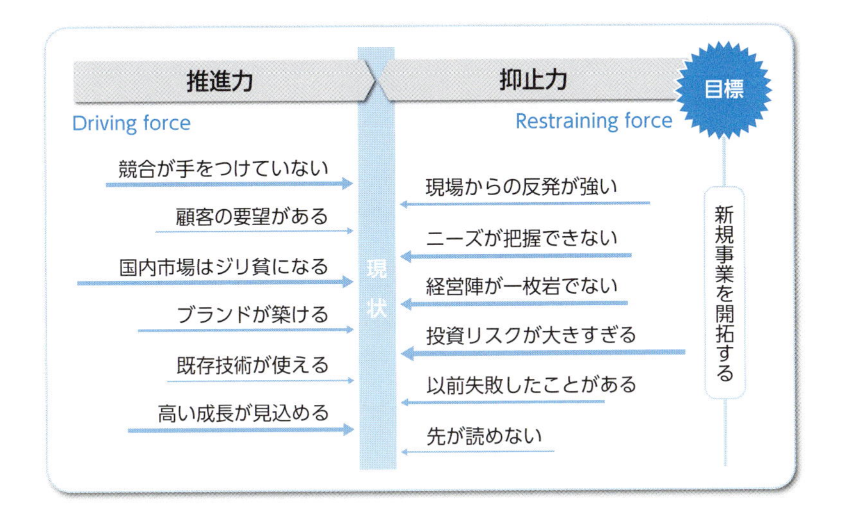

参考文献：R.キーガン他『なぜ人と組織は変われないのか』（英治出版）

Column 5

自分1人くらいいいじゃないの

災害が起こったときに、水や食料を買い溜めする人がいます。みんながやり出すと、店から商品が消えてしまい、本当に必要な人が迷惑します。挙句の果てに、自分も買えなくなってしまいます。

「自分1人くらいは…」と自分勝手な行動（非協力行動）をすれば、社会にとって望ましくない結果になります。かといって、社会が求めること（協力行動）をすれば、正直者が馬鹿を見ます。これを「社会的ジレンマ」と呼びます。災害時以外でも、交通渋滞、環境破壊、いじめ、少子化といった幅広い問題で見られる現象です。

社会的ジレンマは、〈コラム3〉のギャンブルの話とは違い、個人にとっては理にかなっているだけにやっかいです。非協力的な人が増えると、「みんながやっている」となって、止まらなくなります（腐ったリンゴ効果）。

対処法のひとつに心理的アプローチがあります。たとえば、買い占めが起こったときに、潤沢に在庫があることを、マスコミを通じて広報します。正しい事実を提供することで協力行動を促しているわけです。

「正直者はあなただけでない」と伝えるのも効果があります。「そうはいっても、みんな抜け駆けするに違いない」という疑心暗鬼が非協力的な行動を誘発しているからです。いわゆる「囚人のジレンマ」です。

かなりの荒療治になりますが、いっそのこと棚から品物がしばらく消えても生活に困らないことを経験してもらうという手もあります。人は経験しないと態度を改めようと思わないからです。

ただ、これらの方法だけでは心もとなく、構造的アプローチを組み合わせざるをえなくなります。買い溜めした人に不利益を与えるか、しなかった人に利益を与えるかです。たとえば、値段を極端に釣り上げるのは、ジレンマ解消という点ではプラスに働きます。

ただし、こういった方法は、善悪の話が損得の話になってしまい、コスト負担を巡る論争が起きるといった副作用もあります。なかなか一筋縄ではいかず、因果ループ図を描いてみるとよく分かります。ジレンマに対する特効薬を見つければ、ノーベル平和賞も夢ではないのかもしれません。

第6章

認知転換アプローチ

問題のとらえ方を換える

28　仮説思考……本質的な問題を解決する
29　質問会議……本当の問題を見つけ出す
30　ナラティヴ・アプローチ……代わりの物語を紡ぎ出す
31　ジョハリの窓……互いの認知を理解する
32　ABC理論……非合理的な信念を打ち砕く

事例6
私の何がいけなかったの?!

Ｆさんの今の一番の悩みは、メンバーが期待通りに動かないことです。

あこがれの企業に入社したFさん。若いうちは何でもやろうと心に決め、どんな仕事でも細部まで手を抜かず、情熱を傾けてきました。言われたことはもちろん、言われない仕事まで率先して引き受け、とにかく早く仕事を覚えて一人前になろうと、歯を食いしばって頑張ってきました。

その努力が実を結び、女性のハンディを越え、同期のトップを切って管理職を任されることになりました。周囲はＦさんのリーダーシップに期待を寄せています。Ｆさん自身もそれに応えるべく張り切っていました。

ところが、配下のメンバーがまるでなっていません。ある人は、Ｆさんよりも経験年数が長いにもかかわらず、要領よく仕事をすることばかり考え、目を放すとすぐに手を抜こうとします。それなりにやってはいるのですが、徹底してやりぬく姿勢がありません。

また、ある人は仕事の基本すらできておらず、調整もなしに自分勝手に仕事を進めては、まわりとトラブルばかり起こしています。しかも、何度言っても報告・連絡・相談がいい加減で、火消しに追われる毎日です。

それに対してＦさんは指導を徹底してきました。ときには、みんなの前で厳しく注意をすることも。でも、後で必ず飲みに誘って、自分の本当の気持ちを伝えるようにしました。あなたが憎いのではなく、あなたのためを思って、言いたくもないことを言っているのだと。

そんなある日、突然、直属の部長から呼び出しの電話がかかってきました。何事だろうと部屋にいくと、人事課長が同席しているではありませんか。そこで告げられたのが「君の指導が厳しすぎるとメンバーからSOSが来ている。いったい、どんなやり方をしているんだね？」という言葉でした。

Ｆさんはしどろもどろになりながら、自分の本意を伝えました。飲みニケーションも小まめにやって、メンバーも分かってくれているはずだと。

ところが、「プライベートの時間に連れ出され、くどくどと説教されるのは御免だという苦情も来ているんだ」と言われるではありませんか。「私の何がいけなかったの?!」。頭の中が真っ白になったＦさんでした。

何が本当の問題なのか？

どんなアプローチを取るにせよ、すべての活動は問題を定めるところから始まります。

ところが、そもそも「問題が何か？」を見誤っていたり、関係者の間で食い違っていることがよくあります。事例6では、メンバーが問題だと思っていたのが、リーダーが問題だと指摘されてしまいました。どちらが問題かを決めないと議論が前に進みません。

あるいは両方とも問題とすべきなのかもしれません。両者の関係性に問題があるのかもしれません。逆にどちらも問題ではなく、本当の問題は会社全体に横たわっているのかもしれません。

いずれにせよ、問題を正しく定義しないことには、原因を探ることも、解決策を考えることもできません。言い換えると、なぜ問題が解決しないかと言えば、問題を適切に定義していないからです。

闇雲に火消しに走りまわるのではなく、何が本当に解決すべき問題かを考え、問題の定義を変えることで解決できるようにしよう。それが**認知転換アプローチ**です。

図6-1　問題の定義を考える

▢問題は自分の認知がつくり出している

なぜこれが有効かと言えば、事実と問題は違うからです。**ギャップ・アプローチ**（➡P015）のところで述べた話と重複しますが、再度説明します。

たとえば、「部下が期待通りに動かない」というのは事実ではありません。「私が○○をお願いしたら、相手が△△という動きをした」なら事実に近くなります。

ここでわざわざ"近くなります"と、もったいぶった表現にしたのは、「お願いした」のところが怪しいからです。「お願いした」と私が思っていても、相手が「お願いされた」と思っているかどうか分かりません。「お願いした」というのは事実ではなく、当人の解釈と見るべきです。

事実とは4W1Hで表される事柄です。すなわち「誰が」「いつ」「どこで」「何を」「どのように」に他なりません（「なぜ？」は事実と解釈が混じっています）。

私たちは事実の中から問題を見つけ出します。事実を見たり聞いたりした後に、解釈、関心、意識、目的、価値観、信念、経験というさまざまなフィルターを通して、問題があると認識します。

こういったフィルターのことを**認知**と呼びます。物事を理解したり判断したりする一連のプロセスです。簡単には、物事を見る目だと思ってください。

客観的な事実はあっても、客観的な問題はありません。問題とは極めて主観的なものです。認知が問題をつくり出しているわけで、認知を変えれば問題が変わります。

つまり「何を解決すべきか？」は、自分やみんなで決めるものです。その決め方の良し悪しが問題解決に大きく響いてくるわけです。

▢解決できることだけを考えよう！

では、問題、すなわち検討する対象はどう選べばよいのでしょうか。

それを考える上で大切なことがひとつあります。解決できるものを選ぶことです。解決できないものを考えても時間の無駄です。私たちは、解決できる問題しか解決できません。ここは合理的かつポジティブに考えるべきです。

「どうやったら1億円の宝くじが当たるか？」は解決できない問題です。偶然はコントロールできません。「なぜ1億円の資産のある家に生まれなかったのか？」も解決できません。同じく運命もコントロールしようがないからです。いずれも考えても仕方のない問題です。

そうではなく、「どうやったら1億円稼げるようになるか？」と問題を変えれば、少なくとも解決の可能性があります。自分の努力や選択でどうにかなるからです。自分で変えられるものが解決可能なものに他なりません。

といっても、自分がやれる範囲で簡単に解ける問題を選ぼうというのではありません。答えを出す必要性の高い問題で、かつ解決可能なものでなければ意味がありません。

そう考えていくと、効果が大きくて確実に変えられるものがひとつあります。それが私たちの認知です。

客観的な事実は変えようがなく、起こってしまった過去のことも変えられません。偶然も運命も私たちにはどうしようもなく、神のみぞ知る世界です。他人や社会を変えるのも、無理とは言いませんが至難の業です。

しかしながら、それをどう受け止めるかは、何とでも変えられます。自分の頭や心の中で起こっていることですから。

ただし、その妨げになるのが心の中に抱いている**メンタルモデル**（➡P146）です。固定観念となったイメージやストーリーです。

それを転換していくやり方は手法によって違っても、「思い込みを打ち破る」という点では共通性があります。気に入った手法をひとつ選んで、とにかく一度試してみることをお勧めします。目からウロコの解決策が得られること間違いなし。私たちが変えられるのは、自分と未来だけであることが分かるはずです。

図6-2　メンタルモデル

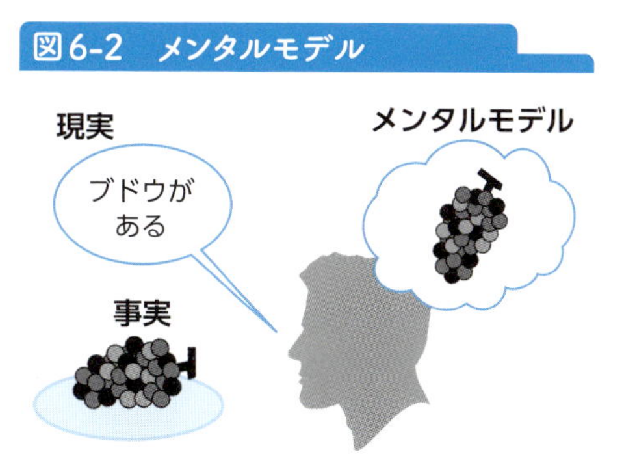

No.28

仮説思考

本質的な問題を解決する

問題解決に走る前に、本来取り組むべきイシュー（問い）を見つけ出すことが肝要です。
それは、本質的な選択肢であり、
深い仮説を含んでおり、しかも自分の力で
答えが出せるものでなければなりません。

□基本的な進め方

安宅和人が提唱する**仮説思考**には明快なメッセージが込められています。問題解決のスキルを用いて「どう解くか？」を考える前に、「何に対して答えを出すべきか？」の**イシュー**をじっくり考えようというのです。

イシューとは「取り組むべきテーマ」という意味です。「○○するにはどうすればよいか？」といったように問いで表現されるものです。本書で言う問題に他なりません。

仮説思考は次の５つのステップで進めていきます。ここでは本章のテーマである①イシュードリブンの部分についてのみ解説することにします。

①イシュードリブン　「解く」前に「見極める」
②仮説ドリブン❶　イシューを分解し、ストーリーラインを組み立てる
③仮説ドリブン❷　ストーリーを絵コンテにする
④アウトプットドリブン　実際の分析を進める
⑤メッセージドリブン　「伝えるもの」をまとめる

イシューは、答えを出す必要性が高ければ高いほど、考える価値のある問

題となります。それを見つけるためには、次の３つの条件を満たすことが求められます。

条件１　本質的な選択肢である

どうせ考えるなら、物事の根本に関わることを考えたほうが、価値があります。世の中には、論争があって決着がついていない案件や、白黒はっきりさせたほうがよい話があります。解決することで、まわりに影響（インパクト）があればあるほど、良いイシューとなります。

いったん問題らしきものが見つかったら「本当にそれに答えを出す必要があるのか？」と、自分や相手に問いかけます。本質的な選択や判断を迫られるような、大きな問題に果敢に取り組むようにします。

条件２　深い仮説がある

「○○と思うのが普通だが、本当は△△なんじゃないか？」といった、直観や常識をひっくり返すような洞察や疑問を含んでいる。私たちが持つ認知を一変させる。考え方の枠組みを一変させる。そういうイシューだからこそ問題解決のやりがいがあります。

そんな深い仮説がつくりにくいときは、物事を新しい構造で説明できない

図6-3　良いイシューの3条件

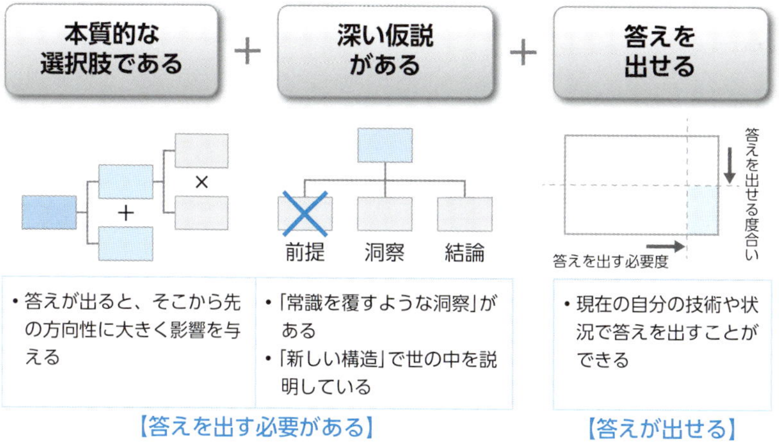

出所：安宅和人『イシューからはじめよ』（英治出版）

かを考えてみます。一見つながりがないもの同士に共通点や関係性を見出したり、新たな切り口で整理し直してみたり、法則性を見出したり。それが深い仮説を見つけるための近道となります。

条件3 答えを出せる

いくら上記2つの条件を満たしていても、答えが出せる見込みがない問題は手をつけるべきではありません。世の中には、現在の知識レベルでは解けなかったり、自分ではコントロールできない問題がたくさんあります。答えが出せる見込みがある問題にフォーカスするべきです。

□実践のポイント

「仮説思考」では、イシューを発見する手がかりとなる材料を仕入れるポイントも示されています。

1）1次情報に触れる

事実に近いところで観測された、加工されていない生の情報に触れるようにします。できれば、現場に足を運び、現物を自分の目で見たりそのものに触れたりして、本当に起こった現実を肌で感じることです。これを**3現主義**

図6-4　情報集めのポイント

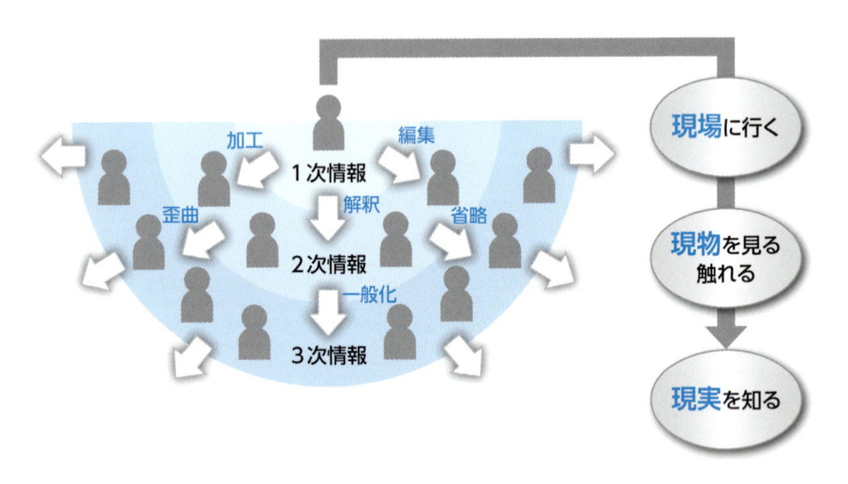

と呼びます。

2）基本情報をスキャンする

検討する領域に関して、基本的なマクロな情報をザックリと把握しておくことが大切です。そのときに**フレームワーク**（➡P022）を活用すると、自分の興味や関心に偏らず、モレなくダブリなく情報集めができます。

3）集めすぎない・知りすぎない

情報を集めすぎると、どこかで収集の効率が悪くなります。あまりに物事を知りすぎると、それに引っ張られてオリジナルの智恵が見出しにくくなります。集めすぎや知りすぎは禁物です。

□これも知っておくと便利

時々勘違いする人がいるのですが、ロジカルシンキングはイシューが決まった後で適切な考え方を導くものです。イシューそのものは論理的に考えても見つけられません。

仮説思考では、①変数を削る、②視覚化する、③最終形からたどる、④「So What?」を繰り返す、⑤極端な事例を考える、といったイシューを見つけるコツが説かれています。しかしながら、これらを使っても必ず見つかるというものではありません。

イシューを発見するというのは、ひらめきを要する創造的な作業です。設定したイシューの良し悪しはあっても、正解があるわけでもありません。

常識を覆す仮説を含んだイシューは、検討する価値の大きい問題です。仮説を置くことで検討する的が絞られて、情報収集の効率もアップします。

ところが、いったん仮説を置いてしまうと、それに囚われるという危険性も秘めています。自分の仮説に合った情報を重要視し、逆に仮説に反する情報は軽視や黙殺してしまいがちになります。確証バイアスと呼ばれている現象です。

そのせいで、いったん頭に浮かんだ仮説は否定されにくくなってしまいます。仮説思考の落とし穴を頭に入れて情報収集をしないと、見当はずれの答えにたどりつきかねず、十分に注意をするようにしましょう。

参考文献：安宅和人『イシューからはじめよ』（英治出版）
堀 公俊『ビジュアル アイデア発想フレームワーク』（日経文庫）

No.29

質問会議

………本当の問題を見つけ出す

アクションラーニングは、
問題解決とチーム学習の手法です。
そこでは、問題を抱える人に対して、
チームメンバーがさまざまな質問をすることで、
本当の問題をあぶり出していきます。

□基本的な進め方

質問会議は、**アクションラーニング**の実践として開発された問題解決とチーム学習の手法です。問題の提供者に対して会議の参加者が質問を繰り出し、本当の問題を明確にしていくところに特徴があります。M.マーコードらが開発したメソッドを少し簡略化して説明します。

質問会議は、話題提供者1名、ファシリテーター（ALコーチ）1名を含む、多様性のある6～7人のメンバーでやるのが適当です。時間は1回（セッション）で1時間くらいかかります。

Step 1 問題の提示

ファシリテーターが質問会議の基本ルール（質問中心、振り返りの時間をとるなど）を説明した後、今回の話し合いのルールを全員で設定します。平等な立場で発言する、議論の内容は外部に漏らさない、といったものです。

はじめに、話題提供者から問題を2～3分で説明してもらいます。ここで扱うのは現実に自分に起きている、複雑かつ重要な問題で、しかも自分たちでコントロールできるものです。全員が問題について詳しい必要はなく、誰かが問題に通じていればOKです。

Step 2 問題の明確化

参加者からランダムに問題の本質を明らかにする質問を投げかけ、話題提供者は簡潔に答えていきます。いろんな人がいろんな角度から尋ねて、視点の転換を促すのが狙いです。

下手をすると、「○○したらどう？」と解決策を助言したり、「○○だと思うけど、違う？」と仮説をぶつけたりしがちになります。実際には、質問者の解釈や判断が混じった質問は、相手の心にあまり響きません。反対に、勢い込まずに素直に尋ねた質問から気づかされることが多くなります。

加えて、自分１人で問題の本質を見つけようと思わないように。他の人の質問や回答をよく聞いて連携プレーで攻めていくのが効果的です。

Step 3 問題の再定義

質問を通じてある程度問題が明らかになったら、チームとして問題を再定義します。参加者１人ひとりが「本当の問題は何か？」を書いて発表し、終わったら問題提供者がチームとして問題を定義し直します。

その上で、この定義に同意できるかどうかを全員に尋ね、１人でも同意できない人がいたらもう一度質問タイムに戻ります。だからといって、安易に同意する必要はなく、違和感を掘り下げていくと新たな発見につながることがよくあります。そうやって、話題提供者の問題がみんなの問題になるまで、

図6-5 効果的な質問フレーズ

事実を集める
- 誰が、いつ、どこで何をしたのか?
- その時にいったい何が起こったのか?
- どんな時に○○をする（しない）のか?

感情を掘り下げる
- その時にどんな気持ちになったのか?
- その感覚を言葉（比喩）で表すとどうなるか?
- ○○できればどんな気持ちになると思うか?

発言を深掘りする
- 要するに（たとえば）それはどういうことなのか?
- その○○とは、いったいどういう意味なのか?
- それを違った（詳しく）説明をするとどうなるのか?

意図を尋ねる
- そもそも何を目指していたのか?
- 最悪（最善）の結末はどういうものなのか?
- そのままだと何が困るのか?

分析を深める
- なぜそれは起こったと考えるのか?
- その本質は何だと考えているのか?
- もっとも重要なものを挙げるとしたらどれ?

関連を考える
- それは何に影響を与える（されている）のか?
- その結果、どんなことが起こるのか?
- それぞれのつながりはどうなっているのか?

考えを広げる
- 他のやり方（アイデア、リソース）はないのか?
- 仮に○○したらどうなる（いけない）のか?
- ○○を考えてみたことがあるのか?

視点を転換する
- それは本当に必要なのか?
- ○○でないとしたら、何が考えられるか?
- 逆だったとしたら、どんなことができるか?

問題の定義を練り直していきます。

Step 4 解決策の立案

全員が合意できたら、「どうなりたいか？」の目標（ゴール）を話題提供者に定めてもらいます。さらに、目標に近づくための質問をみんなでしていきます。「○○するにはどうすればよいと思いますか？」といった具合に。「○○はしないのですか？」と詰問調にならないように注意しましょう。

そうやって解決策が見つかったら、話題提供者に具体的な行動計画（いつ、誰が、何を）を宣言して、必要であれば残りのメンバーがサポートを約束してセッションは終了。少なくとも10分程度の振り返りの時間をとって、次に活かせるようにします。

□実践のポイント

今まで○○が問題だと思っていたのに、実は△△だった。そんなふうに、問題に対する見方が大胆に転換できるのが、質問会議の面白いところです。

それができるのは、ファシリテーターの巧みな進行があってこそです。ファシリテーターは問題解決の中身には参加せず、質問会議のプロセスを舵取りします。

だからといって、メンバー任せにはしません。「質問が少し偏ってきましたね」「同じ人ばかりで、他の方から質問はないのでしょうか？」「今の回答は質問の意図とズレていませんか？」といったように適切なフィードバックを返すことで話し合いをリードしていきます。

加えて、タイミングを見計らって、数分程度の振り返り（リフレクション）の時間を入れることがポイントとなります。

質問会議をいったんストップさせ、「皆さん、遠慮せずに話せていますか？」「今、どんな気持ち（ムード）でしょうか？」といった投げかけをして、今ここで起こっていることを共有するのです。

そうすれば、自覚を促し、発言の裏にある感情を共有し、行き詰まりを打開して新たな気持ちで問題に向き合えるようになります。**リフレクション・イン・アクション**と呼ばれる技法です。

問題の定義に同意できないことが続いたときも、振り返りを入れてペースを変えれば、行き詰まりを打開するのに貢献します。新たな視点が生まれたり、チーム意識が高まって同意しやすくなるのです。

□これも知っておくと便利

アクションラーニングは、実際の問題をチームで解決していく中で、問題解決力と組織力を同時にアップさせるのが狙いです。そのためには、単に目の前の問題を解決するだけではなく、問題を考える枠組みそのものが転換するような学習が求められます。

日ごろ私たちは、既に習得している考え方や枠組みを使って問題解決を図り、経験を通して改善や向上を目指します。これを**シングルループ学習**と呼びます。**ギャップ・アプローチ**（➡P015）や**合理的決定アプローチ**（➡P075）は、こちらに向いています。

それに対して、問題解決の元になる考え方そのものを学ぶのが、C.アージリスらが提唱した**ダブルループ学習**です。本章の認知転換アプローチはそのための手法として打ってつけです。

とはいえ、事後に振り返りをしっかりやらないと、学んだことが血肉になっていきません。どんなに時間がなくても**体験学習**（➡P036）のサイクルをできるだけ回して、経験を学習へと落としこめるよう心がけましょう。

図6-6　ダブルループ学習

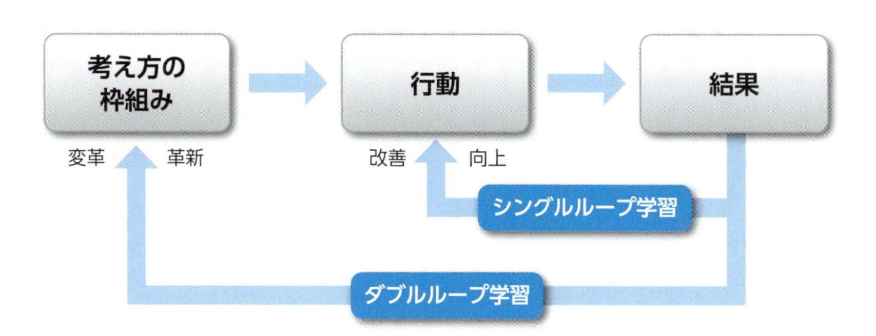

参考文献：M.マーコード『実践アクションラーニング入門』（ダイヤモンド社）
清宮普美代『質問会議』（PHP研究所）

No.30

ナラティヴ・アプローチ

……代わりの物語を紡ぎ出す

問題は私たちがつくり上げた
物語（ナラティヴ）の中にあります。
支配されている物語を少し離れたところから眺め、
ユニークな結果をヒントにして、
解決に結びつく代わりの物語を紡いでいきます。

□基本的な進め方

ナラティヴとは物語（ストーリー）という意味です。「言葉が現実をつくる」という**社会構成主義**の考え方をベースに、物語を使って相互理解を促進したり問題解決を図る手法を、**ナラティヴ・アプローチ**と呼びます。

たとえば、対人関係において何か困ったことが起こると、大半の人は「相手のせいで、いかに自分が迷惑しているか」という話をします。物語を使って感情や行動の理由を説明するのです。

ところが、それは客観的な事実ではなく、自分の中で体系化された物語です。その人なりの解釈や言い分が入っています。相手には相手の物語があり、それぞれが語る物語が折り合わないせいで対立が生まれてしまいます。

この考えを紛争の調停に応用したのが**ナラティヴ・メディエーション**です。対話を進める中で互いの物語を抜け出（脱構築）し、新たな（オルタナティブ）物語を紡ぐことを目指します。J.ウィンズレイドらが研究・実践しているやり方のエッセンスを紹介します。

Step 1 関係をつくり上げる

たとえば、職場の同僚同士で人間関係の問題がこじれてしまい、人事担当者が調停者となったとします。まずは、調停のプロセスや調停者に対する信頼や期待を高め、対話の土俵に上がるための関係づくりをします。

Step 2 支配的な物語を語る

互いに何を感じているか、相手にどうして欲しいのか、それぞれが支配されている物語を語ってもらいます。それを丹念に聞きとる中で、何が起こったかを明らかにしていきます。ほとんどは「問題は相手にある」という話になります。

Step 3 問題を外在化する

この手法では、「問題は両者の外にあり、人が問題ではなく、問題が問題だ」と考えます。これを**外在化**と呼びます。人と問題を切り分けるのです。

そのために、十分に互いに語り合ったあとで、問題に名前をつけます（例：2人の諍い(いさか)）。その上で、後述するような質問を使って、相手が悪いのではなく、問題が悪影響を与えている、という見方に導いていきます。

さらに、問題がどのようなキッカケで生まれ、どのようにエスカレートしてきたか、対立の起源と発達していく過程を描き出します。そうすることで、少し離れたところから問題を眺め、違う道筋を歩む可能性があったことに気づかせます。

Step 4 物語に隙間を空ける

さらにこの手法では、「両者は対立に完全に支配されていない」と考えます。

図6-7 ナラティヴ・メディエーション

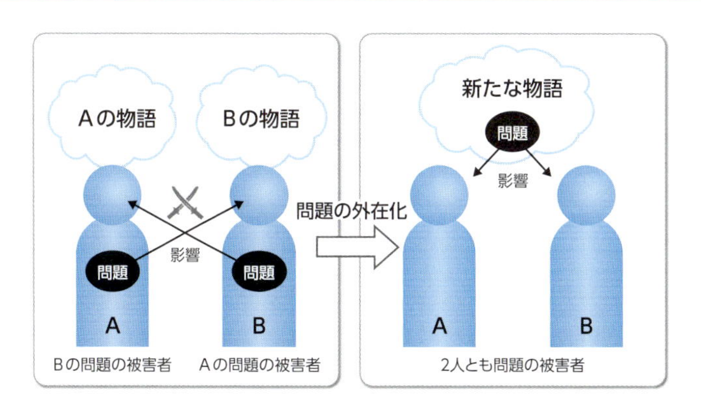

ほとんどの場合、対立の歴史を見ていくと、どこかで例外的にうまくいった事例（**ユニークな結果**）があります。それを探し出せば、代わりの物語を紡ぐヒントとなります。それと同時に、対立を生む大元になっている「○○は△△すべきだ」という**文化的な規範**に風穴をあけていきます。

Step 5 解決に結びつく物語をつくる

問題からの悪影響を終わらせるために、互いにどんなことができるか、ユニークな結果を参考に、問題解決に向けての良い物語をつくり上げます。その行動計画と進捗確認のやり方を同意して調停は終了です。

□実践のポイント

調停がうまくいくためのポイントのひとつは、問題を外在化できるかどうかです。相手が加害者で自分が被害者ではなく、問題が加害者で両者とも被害者であると考えるところに、認知の大きな転換があります。

それを促進するために考え出されたのがM.ホワイトの**影響相対化質問法**です。ナラティヴ・メディエーションに限らず、議論のいろんな場面で使える質問テクニックです。

①問題がその人に与える影響を問う
- ２人の諍いが、どんなインパクトをあなたに与えましたか？
- ２人の諍いは、いつから何をあなたから奪い取りましたか？
- ２人の諍いに、あなたはどれくらいまいっているのですか？

②人が問題に与える影響を問う
- ２人の諍いを弱めるために、どんな行動をとりましたか？
- どんな試みが、２人の諍いに良い影響を与えましたか？
- 何もしなかったら、２人の諍いはどうなっていたでしょうか？

もうひとつのポイントは、ユニークな結果が見つかるかどうかです。両者は悪い物語に支配されているため、例外があるとは思っていません。対立の歴史をひも解く、偶然を探し出す、活用できる資源を探す、意外な言動を見つけ出す、といった方法があります。

③ユニークな結果の存在を問う

- ２人がうまくやっているときは、何が作用していたのでしょうか？
- 対立の中でも、たまたまうまくやれたということはありませんか？
- あなたが苦しんでいるのを、誰が支えてくれたのでしょうか？
- 予想外に相手が振る舞ったときってなかったでしょうか？

□これも知っておくと便利

ナラティヴ・アプローチをうまく展開した手法のひとつに、加藤雅則の**智恵の車座**があります。

やり方は**質問会議**（➡P162）と似ていますが、問題“解決”を目指すのではなく、問題“解消”のために考え出されたものです。問題をほぐすことで、問題を問題でなくし、悩みを解消しようという考え方です。

質問会議とのやり方の違いが主に３つあります。１つ目は、話題提供者の感情や言葉使いなど、問題にまつわる物語に焦点を当てることです。２つ目は、問題の再定義にメンバーの同意をとらず、本人の物語を優先することです。

３つ目に、話題提供者を席から外して、参加者だけで解決アイデアを勝手に語る点です。話題提供者は、自分に関する物語を背中で聴いて、物語の書き換えのヒントにしていきます。

図6-8　智恵の車座

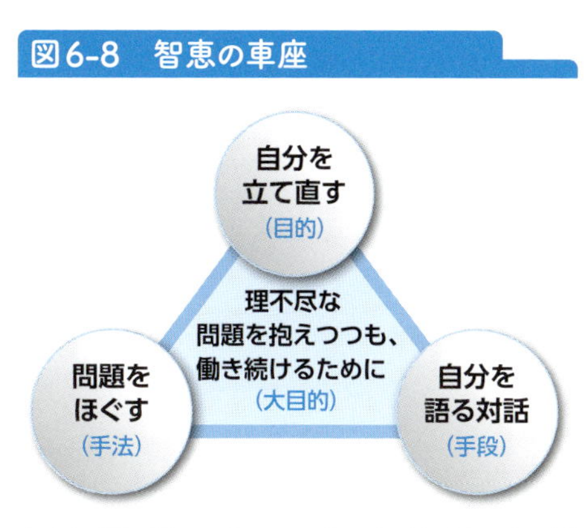

出所：加藤雅則『自分を立てなおす対話』（日本経済新聞出版社）

参考文献：J.ウィンズレイド他『ナラティヴ・メディエーション』（北大路書房）
加藤雅則『自分を立てなおす対話』（日本経済新聞出版社）

No.31

ジョハリの窓

……………互いの認知を理解する

他者に隠している話を素直に自己開示し、
自分の知らない話をフィードバックしてもらう。
それを積み重ねていけば、
互いの認知のすり合わせが進み、
相互に理解している領域が広がっていきます。

□基本的な進め方

こちらの思いが相手に伝わらなかったり、良かれと思ってやったことが誤解されたり。事例6のような行き違いは日常茶飯事です。特に、大きな仕事になればなるほど、いろんな人を巻き込んでせざるをえず、異なる立場の人同士で軋轢(あつれき)が生まれがちになります。

そんなときに役立つフレームワークがJ.ルフトとH.インガムが考案した**ジョハリの窓**です。自分という人間を、「自分／他者」と「知っている／知らない」の４象限に分け、互いの認知をすり合わせ、人と組織の問題の解決に役立てようというものです。例として事例6の自分（A：上司）と他者（B：部下）の構図を用いて説明します。

Step 1 Aが知っていて、Bも知っている

上司から見て、自分も部下も知っている領域を**開かれた窓**と呼びます。名前、役職、家族関係、趣味など世間に公になっている自分です。部下に挙げてもらうと、どれくらい関係が深いか、関心があるかが分かります。

Step 2 Aが知っていて、Bが知らない

上司には少なからず人には言っていない**隠された窓**があります。たとえば、「なぜ飲み会に誘うのか？」の理由はちゃんと伝えていませんでした。わざ

と伝えていない秘密もあるでしょう。いずれも部下から見れば疑問点になります。そういったものを部下から質問して、上司が素直に**自己開示**して返答すれば、互いが分かり合える領域が広がっていきます。

Step 3 Aが知らなくて、Bが知っている

逆に、「飲み会なんて迷惑」というのは、部下はみんな知っていても、上司には伝わっていませんでした。これを**気づかない窓**と呼びます。部下から日ごろ感じていることを率直に**フィードバック**して、上司がそれを理解すれば、やはり分かり合える領域が広がっていきます。

Step 4 Aが知らなくて、Bも知らない

両者とも知らないことが**未知の窓**です。すなわちそれは、これからの話です。ここまでのステップを踏まえ、互いにどう相手に貢献していくのか、両者の関係性を深めるのにどう一歩踏み出すのか。未来に向けての行動を話し合えば、さらに相互理解が深まっていきます。

こうやって、自己開示とフィードバックを繰り返し、互いの心の中を伝え合うのが、人と組織の問題に対するジョハリの窓の使い方です。相手の認知を知ることで、自分の認知を変えることにもつながります。

図6-9 ジョハリの窓

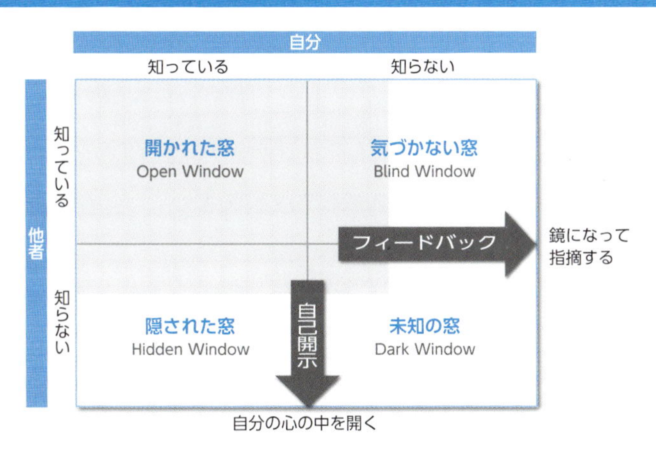

実践のポイント

ジョハリの窓は、上司と部下に限らず、開発部と営業部、本社と子会社、先生と生徒、親と子どもといったように、立場の異なる人の関係性を促進するのに格好の手法です。

実際には、**ランク**（➡P199）と呼ばれる社会的な力関係があると、ホンネで自分や相手のことが語りにくくなります。そういうときは、上の立場の人（上司など）を席から外して４つのステップを回し、記録したものに対して１つひとつコメントをもらうようにします。

これなら、安心して発言ができ、上役がいない気楽さから、思わぬ展開になることもよくあります。**リーダーズ・インテグレーション**と呼ばれるワークショップ手法です。

それでもやりにくい場合は、自分だけでやるしかありません。相手がいないので、「多分、こういうことだろう」と相手の心の中を推定するのです。その手がかりになるのが認知と行動の悪循環です。

相手の行動は（それが気に入らなければ入らないほど）よく分かります。それに対して自分がどう感じているか、自分の認知も知っています。ところが、自分の行動が相手にどう見えているかは、相手の身になってみないと分かりません。それに対して、相手がどう感じているか、相手の認知も分かりません。

図6-10 認知行動サイクル

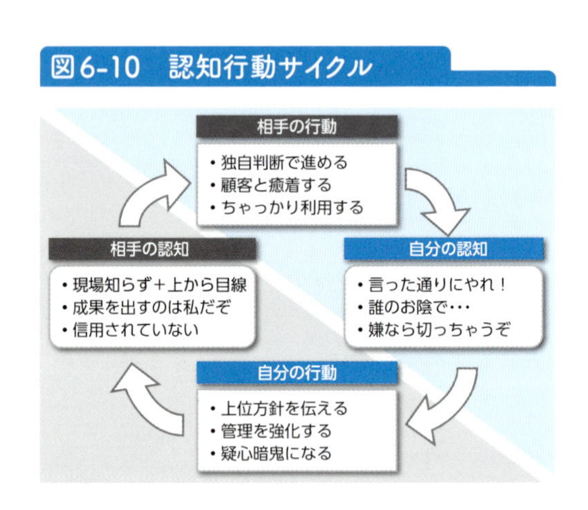

両者の問題が解決していないのは、悪循環になっているからです。相手に良かれと思ってやった行動が、相手の行動を変えるどころか、余計にひどくしている。そういう

悪循環になっているとしたら、いったい相手はどんな認知をしているのか。その認知の元になる自分の行動が相手にどう見えているか。悪循環を仮定すると、相手の心の中が見えてきます。

□これも知っておくと便利

相互の理解不足が問題の火種になっている。しかしながら、互いのことをホンネで語り合うのが難しい。そんなときのもうひとつのやり方に**リフレクティング・プロセス**があります。

たとえば、マネージャーと現場の間の意思疎通がうまくいっていないとします。まずは、管理職を集めて円陣を組み、いま抱えている問題に対して議論してもらいます。それを、現場の人間が外側から取り囲み、どんな話をしているのか観察します。これを**フィッシュボウル**（金魚鉢）と呼びます。

最初は周囲が気になって盛り上がりませんが、夢中になってくると勢いでホンネが飛び出すようになります。外の人間は口をはさまずそれを聞きます。

管理職の話が終わったら、金魚鉢の中と外を入れ替えます。今度は、現場の人間が円陣を組んで議論するのを、管理職側が聞くようにします。問題に対する意見でもよいし、先ほどの管理職の発言に対して「いや、あれは全然違う」「彼らは全然分かっていない」と異論を述べてもらっても構いません。その様子を管理職が外側から黙って聞きます。

一通り終わったら、また攻守交代といったように、これを何度も続けます。そうやって観察と振り返りを繰り返しているうちに、相互理解の領域が広がっていきます。これがリフレクティング・プロセスです。

あるいは、**アズイフ**と呼ばれている方法もあります。小グループに分かれ、それぞれがどんな登場人物（利害関係者）の立場で聞くか決めて、話題提供者の悩みを聞きます。次に、各グループで自分の中で生まれた思いや他の登場人物に対する考えを語り合い、話題提供者はそれを静かに眺めています。

話し合いが終わったら、各グループで順番に討議内容を全員に紹介して、最後に話題提供者から感想や心の声を披露してもらいます。その上で、全員で一連のプロセスを振り返りながら、気づきを分かち合っていきます。

参考文献：津村俊充・山口真人編『人間関係トレーニング』（ナカニシヤ出版）
矢原隆行、田代 順『ナラティヴからコミュニケーションへ』（弘文堂）

No.32

ABC理論

非合理的な信念を打ち砕く

問題は出来事そのものではなく、
その受け止め方（認知）から生まれます。
非合理的な受け止め方を合理的に変えれば、
悩みが軽くなるのと同時に、
自分が解決できる問題に転換できます。

□基本的な進め方

A.エリスの**ABC理論**（論理療法）は、今やカウンセリングの主流をなす**認知行動療法**（認知を変えることで行動変容を促す方法）の元になった考え方です。問題は、出来事そのものではなく、出来事の受け止め方（認知）から生まれ、受け止め方を合理的なものに変えることで、問題が解消できると考えます。八木陽一郎の**内省型リーダーシップ**も手順はほぼ同じです。

Step 1 問題の構造を明らかにする

いま私たちを悩ませている出来事（A：Activating event）があります。仮に「上司に厳しく怒られた」ことだとします。その結果（C：Consequence）として生じた感情や行動があります。「みじめな気分になった」「上司の目のつかないところで仕事する」といったものです。AとCのつながりが、問題の構造をなしています。

Step 2 非合理的な信念を特定する

たしかにAはCのキッカケにはなっていますが、本当の原因は別のところにあります。Aをどう受け止めたかです。

この例で言えば、怒られたことをネガティブにとらえる考え方です。「怒られるべきではない」「上司は私を嫌っているに違いない」「もう見捨てられたはずだ」といったような。

これらを非合理的な信念（B：Belief）と呼びます。非合理が頭についているのは、すべて勝手な思い込みであって、必ずしも合理的な考え方になっていないからです。

Step 3 非合理的な信念に反論する

試しに、その信念が本当に正しいのか、反論（D：Dispute）を加えてみましょう。「怒られる」というのは望ましくないのかもしれませんが、絶対に怒られてはダメなんでしょうか。上司に「嫌われた」というのは、本当の事実ですか。そう思い込んでいるだけではありませんか。

そんなふうに、感情や行動の元になった信念が、筋の通った考えであり、いつでも成り立つものなのかをチェックしていきます。

Step 4 合理的な信念を構築する

今の信念が非合理だとしたら、合理的な信念とはどんなものになるでしょうか。たとえば、「怒られないに越したことはないが、たまには怒られることもある」「怒られても、会社人生が終わるわけではない」「嫌われたかもしれないが、その対応次第では好かれるかもしれない」といったものです。

図6-11 ABC理論

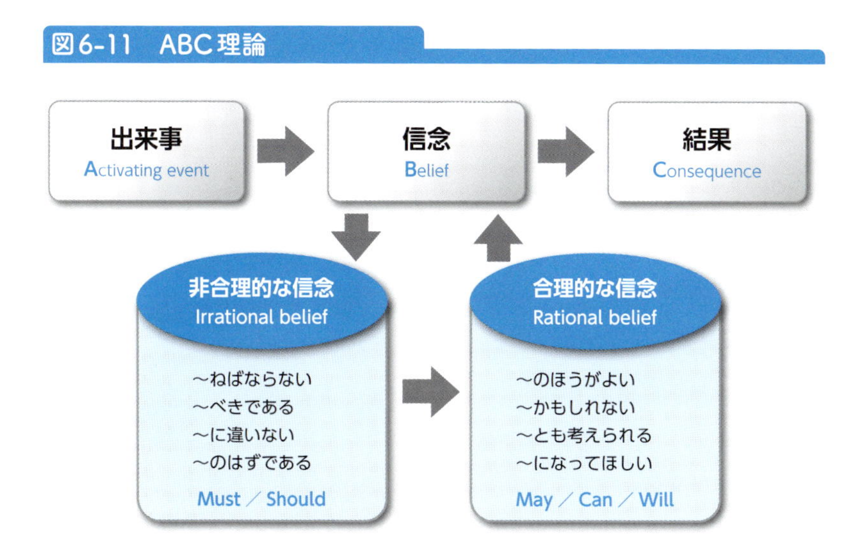

Step 5 効果的な感情や行動を考える

だとしたら、ちょっとショックだったとしても、それほど落ち込む必要はありません。それが健全な感情です。「上司に隠れて仕事する」といった自滅的な行動ではなく、「積極的に上司からフィードバックをもらう」といった建設的な行動へとギアチェンジできるはずです。「災い転じて福となす」を考えたほうがよほど効果的（E：Effect）です。

□実践のポイント

一番のポイントは**非合理的な信念に対して反論を加える**ところにあります。次のような視点で問いかけて、思い込みにくさびを打ち込んでいきます。

- 事実に基づき、現実と矛盾のない考えなのか？（現実性）
- 筋が通った考えになっているか？（論理性）
- いついかなる場合にも絶対成り立つ考えか？（硬直性）
- そうだとしたら致命的なことが発生するのか？（影響度）
- そう考えることが誰かの得になるのか？（効果）

思い込みとは硬直した考えです。科学の世界ならまだしも、現実の社会に絶対に正しいことなんてありません。あったとしても、絶対、すなわち100％や0％を証明するのは極めて難しいはず。必ずどこかに例外や抜け穴があります。

一般的に、思い込みは「～ねばならない」「～べきである」「～に違いない」「～のはずである」といった表現を取ります。英語で言えばMustやShouldです。本当は「～のほうがよい」「～かもしれない」「～とも考えられる」「～になってほしい」です。英語で言えばMay、Can、Willです。

うまく信念の転換ができない場合は、上記のAからEまでを表にして紙に書き出してみることをお勧めします。そのほうが客観的に自分の考えが眺められるようになるからです。袋小路に入っている悩みがあれば一度試してみてはいかがでしょうか。

□これも知っておくと便利

出来事の受け止め方を変えることを**リフレーミング**と呼びます。相談者が抱えるネガティブな悩みをポジティブに意味づけするスキルとして、カウンセリングの分野で広く用いられてきたテクニックです。

一例を挙げると、「空気が読めない」ことで悩んでいる人がいたとしましょう。普通は弱みだとされますが、強みになる場合もあります。みんなが言いたいことを言い出せないときに、突破口となってくれるケースです。

これを**状況のリフレーミング**と呼びます。ネガティブな事柄がポジティブに作用する場合がないかを探すのです。

あるいは、「空気が読めない」にプラスの意味づけができないでしょうか。たとえば「マイペースである」と言い換えれば、弱みとはいえなくなります。

このように、ネガティブな事柄の中にポジティブな意味を探し出すのが**意味のリフレーミング**です。つまり、「空気が読めない」というのは、ネガティブにもポジティブにもとらえられるのです。

さらに、フレーミング（正）とリフレーミング（反）の相反する考えを統合して、一段レベルアップした考えに導くのが**メタフレーミング**（合）です。「性格で悩むよりは、自分の持ち味を活かす生き方をすればいい」といった具合に。こうやってとらえ方を換えれば、いくらでも意味づけはできます。

もちろん、それで「空気が読めない」という問題（事象）が解決するわけではありません。少なくとも問題が悩みではなくなります。考え方ひとつで悩みはどうとでもなるのです。

図6-12　思考をレベルアップする

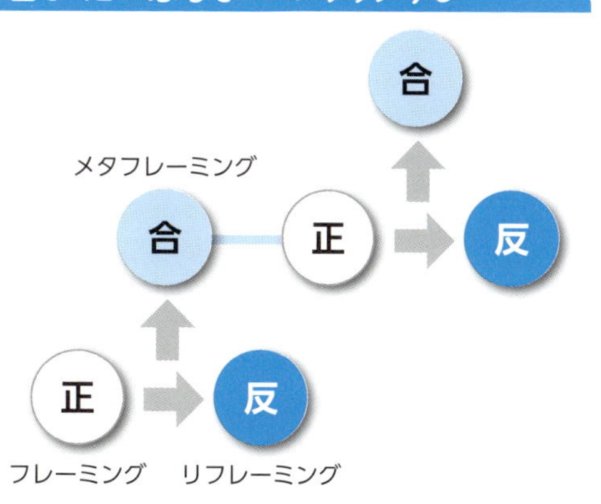

参考文献：A.エリス『性格は変えられない、それでも人生は変えられる』（ダイヤモンド社）
堀 公俊『悩まない！技術』（朝日新聞出版）

Column 6

なぜ愚痴ばかりになってしまうのか？

仕事が終わって同僚と久しぶりに飲み屋で一献。そんなときに、ひたすら愚痴や悩みばかりこぼす人がいます。本人にとってはストレス発散になってよいのかもしれませんが、聞かされるほうはたまったものではありません。せっかくなら問題解決の研究材料にしてやろうと、積極的に聞き耳を立てて気がついた点がいくつかあります。

愚痴の多い人のひとつの特徴は、物事を一般化する傾向です。一部の情報から全体を判断することを指します。「こんな仕事はうまくいくわけがない」「あんな馬鹿の下で働きたくない」といったものです。必要な働きではあるものの、過度になったり、性急すぎると合理的でなくなります。

過度の一般化は「どうせ俺は…」「所詮あいつは…」「世の中というものは…」といったレッテル貼りにつながります。いずれそれは現実をつくり出してしまいます（ラベリング理論）。中には、一般化するあまり、「要は白か黒かだろ？」と、何でも二者択一で物事を判断しようとしてしまう人もいます。それが選択肢を狭めていることに気づかずに…。

愚痴の多い人のもうひとつの特徴は、物事を相対的に見る癖です。つい他人と比較して、「なぜ、あの人（私）が…」となるのです。

相対化も悪い働きではありません。人は、自分より優れた人を見て（上方比較して）、もっと頑張ろうと思います。落ち込んだときは劣った人を見て（下方比較して）、気分を慰めて心の安定を図ろうとします。

ところが、落ち込んだときに上方比較をしてしまうと、「なぜ私はダメなんだろう」と余計に悩みを深くしてしまいます。逆に、もっと頑張らないといけないのに、下方比較で憂さを晴らして、問題から逃げてしまう人もいます。問題解決よりも自己愛を満たすことが優先されてしまうのです。

しかもそこに、相手へのラベリングが働いており、自分がつくり出した虚像と比較しているわけです。これでは、愚痴が繰り返されるだけです。

本当は「すべての悩みは自分の認知がつくり出している」と忠告したいところですが、ぶっとばされそうです。せめて自分の認知を変えて、愚痴を聞くことにプラスの意味づけをするしかないのかもしれません。

第7章

ホールシステム・アプローチ

智恵の創発を生み出す

33 ワールドカフェ……アイデアの他花受粉を促す

34 OST（オープンスペース・テクノロジー）
……問題解決に主体的に取り組む

35 フューチャーサーチ……利害を超えて未来を描く

36 ワールドワーク……紛争を解決し変革を目指す

37 U理論……出現する未来を創造する

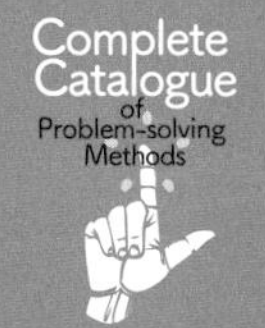

事例7

お前ら、会社をつぶす気か！

「いったい、こんなことを議論して何になるんだ！」。G部長は、心の中でふつふつと湧きおこる怒りが抑えきれなくなってきました。

G部長が勤める大手部品メーカーに危機が迫っています。ここ数年、積極的に設備投資を進めてきたのに、売上は思ったほど伸びません。それどころか、海外からの価格攻勢を受け、業績は悪化する一方。資金繰りにも窮するようになり、このままでは雇用に手をつけざるをえません。

今日は、10人の部長が集まり、経営企画部からの再建策を検討する日です。ところが、会議は冒頭から荒れ模様。口火を切ったのは、現場叩き上げの調達部長でした。「再建策の前に、苦境の責任の所在を明らかにしてもらわないと、現場に説明がつかない」と言うのです。

それに対して営業部から「そもそも、分不相応の設備投資をしたのが間違いだった」と指摘があります。それに対して、製造サイドでは「開発部門からの要請を受けてやった」と反論が。開発は開発で「営業がつかんだニーズを元に技術開発をしている」と述べ、責任がたらい回しになるだけです。

そのうちに議論がエスカレートして、日頃の恨みつらみが表に出てきます。「この際だから言わせてもらうが、どうして営業は売れもしない数を発注するんだ。在庫の山をどうしてくれる」「納期と品質を確保してくれないと、売れるものも売れないだろう！」と激しい応酬が続きます。

やがて、それは人と人のぶつかり合いになります。「誰のおかげで大きな顔をしていられると思っているんだ」「自分こそ、泣きついてきたから、助けてやったのを忘れたのか」と険悪なムードに。他の部長がなだめるものの、つかみかからんばかりの様相になってきました。

そんな議論を黙って聞いていたG部長。とうとう堪忍袋の緒が切れ、突然机を叩いて立ち上がって暴言を吐いてしまいました。

「いい加減にしろ！　こんな情けない話を現場やお客様に聴かせられるか。あんたら、この会社をつぶす気なのか。ライバルに負けて悔しくないのか。この会社で働きたい気持ちはないのか！」。突然のG部長の発言に、水を打ったような沈黙が場を支配したのでした。

不確実な時代の複雑な問題

いま世の中は解決が難しい問題であふれかえっています。事例7で挙げた企業変革の問題はその典型です。いろんな要因が複雑に絡み合っており、何をどう変えればよいか、正解は簡単には見つかりません。

それでもまだ会社の話はやりやすいほうです。これが地域コミュニティの話になると議論百出で簡単にはまとまりません。日本の少子高齢化や赤字国債の問題もそうです。何十年も前から指摘されておきながら、少しも前に進んでいる気がしません。世界を見渡しても、格差問題、地球環境、生命倫理、民族紛争など、解決すべき問題が山積みです。

これらはすべて解決策がないわけではありません。たとえば、赤字国債を減らすには、歳入を増やして歳出をカットすればよいだけの話。小学生でも分かります。それがなかなか実行されないのは、意見がひとつにまとまらず、解決策がみんなのものとならないからです。

言い換えると、なぜ問題が解決しないかと言えば、関係者間で合意ができないからです。困難な問題の解決に向けて一歩踏み出せるように、納得のいく解決策を全員参加でつくろう。それが**ホールシステム・アプローチ**です。

図7-1　ホールシステム・アプローチ

		アプリシエイティブ インクワイアリー	ワールド カフェ	オープンスペース テクノロジー	フューチャー サーチ	ワールド ワーク	オフサイト ミーティング
人数		制限なし	制限なし	制限なし	50～60名	制限なし	10名程度
時間		3泊4日	半日～3日	半日～3日	2泊3日	1～2日間	1～2日間
収穫	関係	○	○	○	○	○	○
	成果	○	△	○	○	×	×
特長		・ポジティブ・アプローチ ・4Dサイクル ディスカバリー ドリーム デザイン デスティニー ・至高の経験のインタビュー	・もてなしの空間をつくる ・大切な質問 ・全員が貢献する ・探究する ・皆で発見したことを収穫する	・テーマごとの対話 ・自己組織化を活かす ・起こった時が始まり、終わった時が終わり ・バンブルビーとバタフライ	・利害関係者を必ず集める ・コモングラウンドを見つける ・過去→現在→未来 ・8名単位の対話を繰り返す	・紛争対立の対話手法 ・ロールをとる（ゴーストロール） ・エッジを超える ・ホットスポットを活かす	・気楽に真面目に話し合う ・互いに聴き合う ・弱みを見せる ・肩書きを外す ・自発性に委ねる
ファシリテーター		中	小	小	中	大	中

○：適している　△：やや適している　×：適していない　／　大：役割が大きい　中：役割が中くらい　小：役割が小さい

関係者が一堂に会して対話する

いま私たちを悩ましているのはいずれも複雑な問題です。A. カヘンはそれを３つの視点から説明しています。

１つ目は**物理的複雑性**です。原因と結果が時間的にも空間的にも離れていることから起こる困難さです。たとえば、東日本大震災の影響は数十年後に世界のエネルギー問題として現れるかもしれません。

２つ目は**生成的複雑性**です。未来は予測不可能であり、何が生まれるか分かりません。いま進行中のテロとの闘いはまさにこれに当たり、世界中の誰も見通しが持てずにいます。

３つ目に**社会的複雑性**です。問題に多くの人が関わっており、関係者の間で考えや信念が違うことです。価値観が多様化するグローバル化社会を迎え、とても頭の痛い問題です。

こういった複雑な問題の解決を、１人のリーダーに任せるのには無理があります。関係者（中でも現場に近い当事者）を集めないと全体像が見えてこないからです。仮に任せたとしても、指示命令や伝言ゲームでは誰も言うことをききません。参加しないものには納得せず、納得しないと実行されません。

複雑な問題に対しては、問題に加担しているすべての利害関係者が集まり、納得いく結論をつくり上げるしかありません。いわゆる**集合的対話**（マルチステークホルダーダイアログ）です。

その結論が正解かどうか誰も分かりません。しかしながら、みんなが正解と思えれば頑張れます。頑張れば成果を勝ち取ることができます。そうやって、事後的に正解にしていくしかありません。それが複雑な時代の問題解決のスタイルとなります。いわば、みんなが正解と信じられるものを紡いでいこうというのです。

図7-2　3つの複雑性

そのために何より大切なのは、関係者全員が問題解決のプロセスを共に歩んでいくことです。正解を紡いでいく過程を共に経験するからこそ、互いの信頼関係が高まり、結論に対する納得感も高まります。解決策の意味も腹に落ち、ひいては実行に向けての当事者意識が湧いてきます。

そうやってバラバラな利害関係者を共に問題解決をしていくパートナーとしてつなぎ直すのが、ホールシステム・アプローチの本質です。

ホールシステムがオープンに話し合う

ホールシステム・アプローチの技法にはいくつかの共通点があります。

まずは、当たり前の話ですが、ホールシステム（全体システム）を集める点です。特定の利害関係者が抜けてしまうと合意の意味がなくなってしまいます。ほとんどの技法は大人数でも使えるような工夫がされており、人数を心配する必要はありません。ホールシステムを集めるのが難しい場合は、代表者を集めた**スモールコスモス**（小宇宙）をつくるようにします。

次に、各々の利害関係者が持っている情報や感情をできるだけオープンにし、対等な立場でフラットに話し合うことです。意図的に隠したり、駆け引きしたり、権力を振りかざしたりしたのでは技法の持つ良さが活きてきません。必要であれば、議論のルールとして徹底させておきます。

さらに、参加者の主体性に委ねるのが大切です。力のある人が結論を押しつけたり、やりたくないことを強制したのでは元も子もありません。みんなで１つひとつの対話のプロセスをつくり上げるようにします。ファシリテーターをやる場合は、この点に十分な注意が必要です。

ホールシステム・アプローチには、いろんな問題解決技法が盛り込まれています。特に**ポジティブ・アプローチ**（➡P097）、**対立解消アプローチ**（➡P127）（なかでもシステム思考）、**認知転換アプローチ**（➡P153）の考え方が色濃く反映されています。いわば問題解決の総合格闘技のようなものです。

単に問題を解決するだけではなく、その過程においてチームの関係性や一体感を高め、共通の価値観を培うのに役立ちます。時間はかかりますが、成果が出るところまで考えれば、スピーディなやり方といえます。

No.33

ワールドカフェ

……………アイデアの他花受粉を促す

グループのメンバーを替えながら対話することで、
少人数でじっくり話しながらも、
他花受粉によって全員の思考をつなげていきます。
思いがけない発想を引き出すと同時に、
発見やアイデアを全員で共有できます。

□基本的な進め方

J.ブラウンらが開発した**ワールドカフェ**は、少人数で話しながらも、大人数で話すのと同じ効果が得られるのが最大の利点です。まさにホールシステム・アプローチのための手法といってよいでしょう。1000人を超える大がかりなものも開催されており、組織のビジョンづくりから具体的な問題の解決まで幅広く使えます。他の手法と組み合わせが容易なのも有難いです。

Step 1 オープニング

1グループ4人程度でテーブルにつき、テーブルクロス代わりに模造紙を広げ、1人1本ずつペンを配ります。テーブルごとに軽く**チェックイン**（自己紹介など）をしてから、対話のルール（**カフェ・エチケット**）を確認し、ホストを決めます。テーマが告げられたら紙の真ん中に書いておきます。

Step 2 ホームでのダイアログ

テーマに基づいて、テーブルごとに自由に対話（**ダイアログ**）を進めます。そのときに、印象に残ったキーワードを、各自テーブルの上の紙にメモ（落書き）していきます。書き方は自由で、色や絵も使いながら楽しく描いていきましょう。ただし、個人でメモをとるのは禁止で、すべてテーブルに残すようにします。ホストは、対話のルールが守られるように働きかけます。

Step 3 アウェイでのダイアログ

各テーブルにホストを残し、残りの人は他のテーブルに移動します（同じテーブルの人が一緒にならないように）。移動した人も残った人も、元のテーブルでどんな話があったかを紹介し、先ほどと同様にダイアログを続けます。

そうすると、ひとつのテーブルで生まれた話が他のテーブルで他花受粉され、４人で親密に話しながらも全員で話し合うのと同じ効果が得られます。全体の人数が多いときは、これを２～３度繰り返します。

Step 4 ホームでのダイアログ

最後に、全員が元のテーブルに戻り、移動した先でどんな話があったのかを披露し合い、さらにダイアログを続けます。結論を無理にまとめる必要はなく、考えを深めていくようにします。

Step 5 ハーベスト

テーブルでの話し合いが終わったら、全体で共有します。たとえば、各テーブルの紙を集めて壁に貼り出し、全員で見ながら共通点や気づいたことを話し合い、対話の成果を刈り取ります。ここでも結論をまとめる必要はなく、対話を振り返りながら、思いが共有できれば十分です。

図7-3 ワールドカフェの進め方

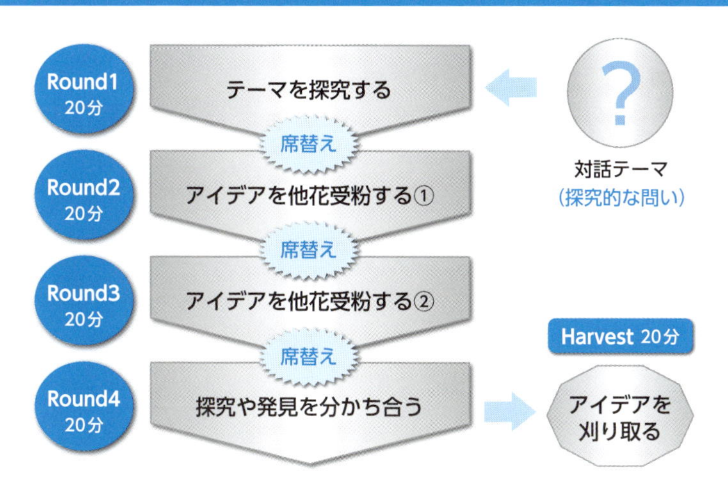

□ 実践のポイント

ワールドカフェは進め方がシンプルで誰でも気軽にできる反面、下手をすると単なるおしゃべりになったり、激しい議論になったりします。深くて気づきの多い対話を生み出すためのポイントが3つあります。

1つ目は、気楽に真面目に話ができる“おもてなし”の空間をつくることです。部屋は、リラックスしながらも頭はフル稼働できる、思索に適したところが望ましいです。テーブルも円形がベストで、その上の紙も薄い色がついたものを使うとおしゃれな雰囲気になります。

さらに、照明を少し落とす、壁に写真や絵画を飾る、テーブルに花や折り紙を置く、軽いお菓子や飲み物を用意する、静かな音楽を流す、お香を焚くなど、演出にも凝ればダイアログのムードは高まってきます。

2つ目は、思わず語りたくなるもののすぐに答えが出ない探究的なテーマ（問い）を設定することです。たとえば、テーマを「将来のビジョン」とするよりも、「私たちはどんな未来を自らの手で創り出したいのか？」としたほうが、対話が深まります。こういったものを**生成的な問い**と呼びます。

問いは、人をひきつける求心力、探究心や創造力を喚起する力、内省や協働を促進する力があるものが向いています。しかも、言い回しの違いで問いの持つ力が変化するので、粘り強く文章を練り上げる姿勢が大切です。なお、ラウンドごとに少しずつ問いを変えていくというやり方もあります。

図7-4 カフェ・エチケット

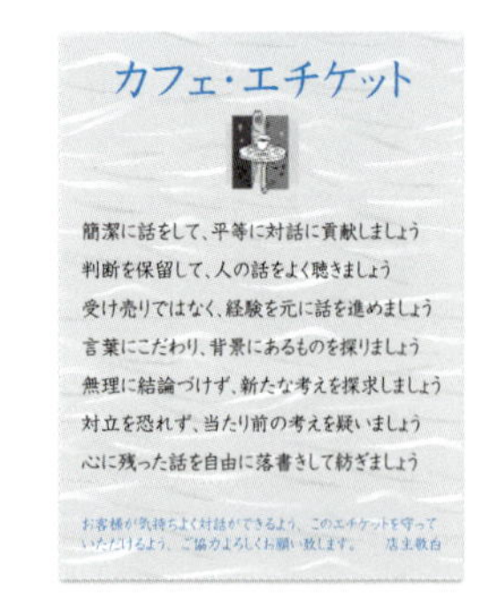

3つ目は、メンバーの特性に応じた対話のルールを用意することです。テーブルホストはファシリテーター（進行役）ではありません。あくまでもテーブルのメンバーが気持ちよく話せるように配慮するのが役目。対話を仕切ったり発言を促したりする必要はありません。

唯一の仕事が、対話のルールをみんなに守

ってもらうことです。逆に言えば、適切な対話ができるかどうかはルールにかかっています。ワールドカフェのオリジナルのルールはあるのですが、目的や参加者に応じて、ルールをアレンジするほうがよいでしょう。事前に説明するだけではなく、カフェのメニューよろしくテーブルの上に飾っておけば、ルール違反の防止につながります。

□これも知っておくと便利

ワールドカフェでは、共通の発見を分かち合うことはしても、全体での合意をまとめることはしません。それだと釈然としない方のために、いくつか刈り取りの仕方を紹介しておきます。

その前に、やってはいけないことをお話しします。各テーブルで結論をまとめて、またそれを全体でまとめるというやり方です。どのテーブルにも全体の話が混じっているため、テーブルごとにまとめが似通ってしまい、最終的にエッジの効いた結論にならないからです。

それをするくらいなら、各テーブルの紙を歩いて見て回り（**ギャラリーウォーク**）、それを元に全体で共通項をディスカッションするほうがマシです。比較的少ない人数のワールドカフェに向く方法です。

あるいは、こんなやり方もできます。テーブルでの対話が終わった後、1人ひとりにテーマに対する自分の答えを紙にまとめてもらいます。それを全部集めてどこかに貼り出して整理すれば、共通点や大まかな方向性が見えてきます。全体のファシリテーターが、**親和図法**（➡P024）や**マインドマップ**（➡P052）でまとめるのも一法です。

それが面倒であれば、似たような答えを書いた人同士でグループになってもらい、まとめをしてもらうという手もあります。これなら、エッジがなまることなく、いくつかの柱が打ち出せます。

そのときに、言葉だけではなくイメージ（メタファ）でまとめたほうが分かりやすいケースもあります。**デザイン思考**（➡P070）のプロトタイピングを組み合わせるのも面白いです。このようにハーベストのやり方を工夫すれば、ワールドカフェの成果をいかようにも表現できるのです。

参考文献：J.ブラウン他『ワールド・カフェ』（ヒューマンバリュー）

No.34

OST（オープンスペース・テクノロジー）

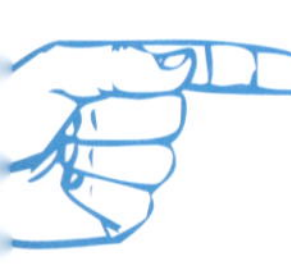

問題解決に主体的に取り組む

問題解決に必要なのはオープンな場と時間だけ。
話したい人が話したいテーマを掲げ、
思い思いのテーマを渡り歩いて議論を重ね、
チーム全員が共有できる
アクションプランをつくっていきます。

□基本的な進め方

大きな問題の解決に当たるというと、大半の方は会議を思い浮かべると思います。ところが、声の大きい人が発言を独占し、退屈な話を我慢して聴かなければなりません。とてもオープンに議論できる場ではありません。

それと正反対なのが、H.オーエンが考案した**オープンスペース・テクノロジー**（OST）です。誰でも出入り自由な“開かれた場”をつくり、トピックに関心のある人が自由に集まって話し合っていきます。

誰がどのトピックに口出しをしてもよく、気に入らなければ他のトピックに移動するのもOK。まさに「来る者拒まず、去る者追わず」です。そのお陰で、あたかも蜂が花粉を運ぶように、いろんな知恵がトピックをまたがって広がっていきます。

本来は、100人程度の人が3日間かけて具体策をつくるところまでやります。簡易的にやるのでも、大きな問題の解決に貢献してくれます。

Step 1 オープニング

まず、参加者全員が輪になって座り、中央に紙と筆記具を置いておきます。ゴール、進め方、ルールなどを共有した後、検討するテーマが宣言されます。そのテーマに関して話し合いたい話題（トピック）を思いついた人が中央に進み出てトピックを書き出し、皆に説明をします。それを繰り返し、数十個のトピックを集めます。

Step 2 マーケットプレイス

トピックが集まったら、起案者同士で議論のスケジュールを調整します。何時からどこでそのトピックについて話し合うのかを決めて、スケジュール表に書いて掲示します。スペースの制約がある場合は、それを参加者全員で眺めながら、最初にエントリーするトピックを調整しておきます。

Step 3 個別セッション

あとは、その時間になれば、興味ある人が集まり、話し合っていきます。やり方はまったく自由。誰がどこに行ってもよく、面白くなければ途中で移動してもかまいません。トピックからトピックに渡り歩いているうちに、他花受粉が起こります。これを**バンブルビー**（マルハナ蜂）と呼びます。

あるいは、どのトピックにも参加せずに、見ているだけの**バタフライ**（蝶）でも結構です。見られることで何かが生まれる可能性もあり、さぼっている人同士の会話からヒントが生まれることもあり、これも立派な貢献です。

個別セッションでは、途中で参加した人が、いま何を話し合っているかが

図7-5　OSTの進め方

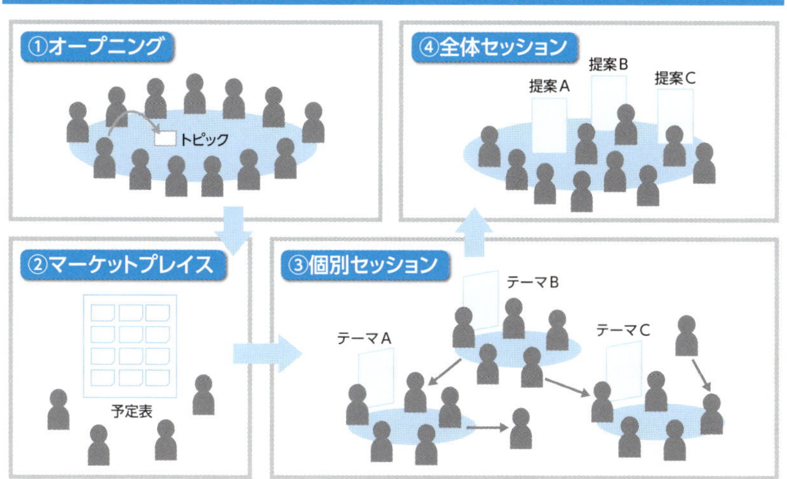

一目でつかめるよう、ホワイトボードや模造紙などに議論の内容を板書していきます。そうすれば、あとで記録をつくる際にも役に立ちます。

時間がきたら、話し合いを終え、記録係が議論の内容をパソコンなどでレポートにまとめます。それを繰り返しながら、すべてのトピックの結論をまとめていきます。

Step 4 全体セッション

全トピックが消化できたら、レポートを集約して全員に配布します。それをじっくり読んだ後に、重要度を投票して、トピックに優先順位をつけます。上位になったものについては、関連するトピックを探し出した上で、今後の具体的なアクションを決めていきます。

□実践のポイント

OSTでは、創発が起こる場をつくるためのルールとして、**4つの原理**と**主体的移動の法則**が定められています。「会議のコーヒーブレイクが一番有意義な時間だった」という体験に基づいて考案されたOSTの思想を表したものです。事前に説明するのはもちろん、会場のどこかに貼り出しておきましょう。

ただし、こういったルールがあっても、日本人は途中から議論に加わって口をはさんだり、話し合いの最中に席を立つのが苦手です。下手をすると、誰も移動できず、クローズドな分科会に終わることもあります。

図7-6 OSTのグラウンドルール

4つの原理

ここにやって来た人は誰でも適任者である
Whoever comes is the right people.

何が起ころうと、起こるべきことが起きる
Whatever happens is the only thing that could have.

それがいつ始まろうと、始まった時が適切な時である
Whenever it starts is the right time.

それが終わった時が、本当に終わりなのである
When it's over, it's over.

1つの法則

主体的移動の法則
The law of two feet

より楽しむために

えっ？という感覚を大切に
Be prepared to be surprised

落ち着かなくてもドアを開けておく、一定数の空席を用意しておく、立って（または地べたに座って）やるといった工夫も、ときには必要となります。

また、空気を読んでから発言をしようとして、なかなか言い出せないこともあります。そういうときは、誰かが「パッと板書を見て思いついたことは？」「ここって、どんなムード？」「他のセッションの話を紹介してくれない？」といった簡単な質問をして口火を切ってあげるとよいでしょう。

本来のOSTでは「ファシリテーターは何もしないのが一番」とされています。日本の文化の中では、この程度は目をつぶるしか仕方ありません。

□これも知っておくと便利

OSTの難点は、バンブルビーやバタフライがいるとはいえ、トピック間の連携が十分に取れないところです。

あとで気がつくと、各トピック間で議論の前提がズレていた、似たような話をまったく違う方向で解決しようとしていた、トピック同士のつながりを考慮していなかった、といった失敗が起こる恐れがあります。

それを防ぐためによくやるのが、ある程度の前提や方向性が共有できるまでは、**ワールドカフェ**（➡P184）などの別の手法で進め、具体策の段階でOSTを使うという方法です。これなら、双方の良さが活かせます。

一方、トピック同士につながりがある場合は、それに気づいた時点で相手に呼びかけて、合同会議を開くのも良い方法です。特にトピック同士がコンフリクトを起こす恐れがある場合は、調整会議が欠かせません。それも起こるべくして起こったことであり、マーケットプレイスに縛られずに主体的に場を開けばよいだけの話です。

また、「自分で提案したトピックだから…」と、参加者が少ないのに無理にセッションをやる必要はありません。他に興味のあるトピックがあるなら、セッションを取り下げて他に移ったり、他のトピックに合流させてもらうのも自由です。

ただし、こういった動きが全参加者に伝わるような工夫をしておかなければなりません。行き場のないバンブルビーやバタフライをつくらないために。

参考文献：H.オーエン『オープン・スペース・テクノロジー』（ヒューマンバリュー）

No.35

フューチャーサーチ

…………利害を超えて未来を描く

複雑な問題の解決に際し、
重要な利害関係者が同じテーブルにつき、
過去・現在・未来と時間を共にしながら
さまざまなメンバーと深く対話して、
コミュニティの未来を切り拓いていきます。

□基本的な進め方

M.ワイスボードらが開発した**フューチャーサーチ**は、その名の通り、自分たちの未来を探究するためのホールシステム・アプローチです。テーマの利害関係者をバランスよく集めてコミュニティの縮図をつくり、みんなが望む未来を共につくっていきます。

特徴は、問題に影響のある人をひとつの部屋に集め、利害関係者別グループ、混合グループ、プロジェクト別グループなど、いろんな組み合わせで話し合いを進めるところにあります。

過去と現在を共有した上で、未来のシナリオや拠り所を明らかにし、そこ至る行動計画をつくり上げていきます。そのため、フルコースでは3日間かかる大がかりなワークショップとなります。そこにいろんな問題解決手法が盛り込まれており、一部だけ切り出して使うこともできます。

Step 1 過去を振り返る

全員で大きな年表をつくり、過去から現在までに起こったことを明らかにしていきます。でき上がったら混合グループになって、繰り返されているパターンや読み取れるトレンドはないか、そこから何が学べるかを話し合います。**タイムライン**（➡P031）と呼ばれる手法であり、参加者全員が同じ土俵に上がるための大切な作業です。

Step 2 現在を探求する

次に、自分たちの現在の生活や組織活動に影響を与えている外部トレンドを、**マインドマップ**（➡P052）を使って整理した**コンテクストマップ**を全員でつくります。それを利害関係者別グループで眺めながら、何をしているのか、どんなことをしたいのかを話し合っていきます。

さらに、今の状況に対して「誇りに思うこと」「残念なこと」（**プラウド&ソーリー**）を出し合っていきます。それを分かち合うことで、利害関係を超えた共感が生まれてきます。

Step 3 未来のシナリオをつくる

いよいよ、ここからが未来を創造するステップです。混合グループに戻って、理想的な未来のシナリオを作成し、あたかもそれが実現したかのように表現します。そのために一番よいのが演劇（**スキット**）です。演じれば、自分も見ている人も疑似体験ができます。

演劇がやりにくければ、ストーリーボード（紙芝居）やストーリーテリングなど**プロトタイプ**（➡P071）のやり方を工夫するようにします。グループごとに趣向を凝らして、体感的に理解できるように表現するのがポイントです。

図7-7 フューチャーサーチ

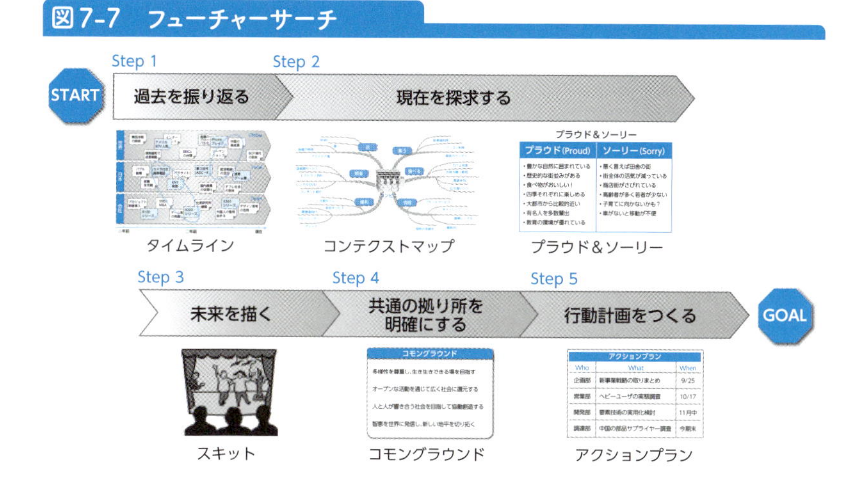

Step 4 共通の拠り所を明確にする

シナリオの発表を通して発見した**コモングラウンド**（共通の価値）、候補プロジェクト（実現の方法）、合意できないことを混合グループごとに洗い出します。それらを眺めながら、みんなが共通して持っている考えは何かを話し合い、コモングラウンドとプロジェクトを集約していきます。ここで完全に意見を一致させようと思わず、合意できたことを採用します。

Step 5 行動計画をつくる

プロジェクトごとにグループを組み直し、自分たちが理想とする未来を実現するための長期・短期のアクションプランをつくります。計画に対するコミットメントを全員で分かち合って、フューチャーサーチの幕を下ろします。

□実践のポイント

フューチャーサーチが複雑な問題の解決に役立つかどうかは、ひとえに問題に影響のある人をひとつの部屋に集められるかどうかにかかっています（ホールシステム・イン・ザ・ルーム）。そうでなければ、夢物語を語り合うだけになり、決まったことも神棚に上がってしまいます。

この点が、テーマに関心のある人なら“来るもの拒まず”の**ワールドカフェ**（➡P184）や**OST**（➡P188）と大きく違う点です。首に縄をつけてでも、キーパーソン（グループ）を引っ張ってこないと、やる意味がありません。

利害関係者が勢ぞろいすると、葛藤や対立が起こるのは当然です。最初は、「満足の部屋」にて、それぞれ自分たちなりに精一杯頑張っており、問題は他にあると思っています。

ところが不都合な事実を

図7-8　4つの部屋

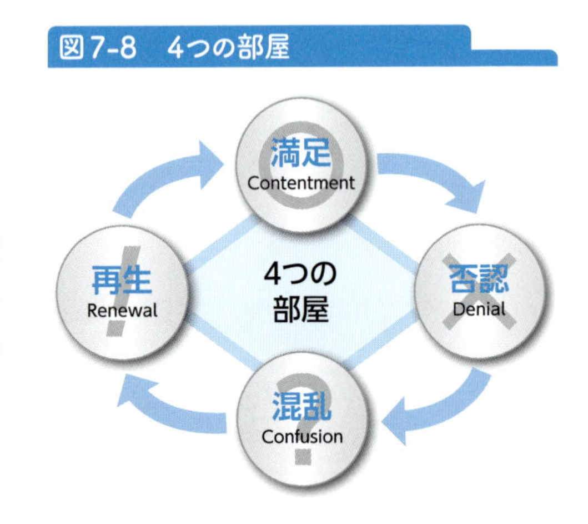

目の当たりにしたり、思いも寄らない視点を突きつけられると、いったん「否認の部屋」に入ります。フューチャーサーチではStep 2でよく起こります。

そのうちに、それを認めざるを得なくなるものの、自分の中でどう消化したらよいか、何をどう変えればよいのかが分からなくなります。これが「混乱の部屋」です。その不安に打ち勝ち、新しい未来を創っていくのが、Step 3に当たる「再生の部屋」です。

これがC.ジャンセンの**4つの部屋**です。フューチャーサーチはあたかもジェットコースターに乗るように部屋を移動するように設計されています。そのことを頭に入れておくと、ワークショップの舵取りに役に立ちます。

□これも知っておくと便利

フューチャーサーチでは“現在”の利害関係者を集めます。それに対して“未来”の利害関係者を集めるのが、**フューチャーセンター**の取り組みです。

フューチャーセンターとは、北欧で生まれた「未来の価値を生み出すセンター」(野村恭彦)です。そこに、未来の利害関係者が集まり、ホールシステム・アプローチや**デザイン思考**(➡P070)を活かしたワークショップ(**フューチャーセッション**)を繰り返しながら、自分たちの未来像やそこに至るシナリオを創造していきます。

一例を挙げると、今いろんな問題を抱えている学校の将来を考えるとしましょう。現在の利害関係者を集めるというと、思い浮かぶのは教師、親、子ども、地域の人、行政くらいです。それは悪い話ではないのですが、学校という組織のあり方を根本的に見直すにはやや力不足です。

学校の本来の目的は学ぶことです。学ぶという点では、塾やカルチャーセンターはもちろんのこと、ネット、テーマパーク、公園、自然、旅行でも学べます。将来は重要な利害関係者になるかもしれず、それぞれの分野の人を加えて話し合えば、まったく新しい学校の未来が拓けるかもしれません。

フューチャーセンターは、単なる問題解決を超えて、イノベーションを起こす装置(場)として注目されています。

参考文献:M.ワイスボード他『フューチャーサーチ』(ヒューマンバリュー)
野村恭彦『イノベーション・ファシリテーター』(プレジデント社)

No.36

ワールドワーク

紛争を解決し変革を目指す

完了すべきことが未完のままで終わっていると、
問題や紛争が解決されずに何度も繰り返されます。
問題の深層で起こっていることを表に出して、
問題を深く理解したり見方を変えれば、
集団が抱える問題の解決に役立ちます。

基本的な進め方

A.ミンデルが開発したプロセスワークの手法を、集団（組織や社会）が抱える問題に応用したのが**ワールドワーク**です。問題の中で起こっていることを丁寧に見て、プロセスを促進させていき、未完のままになっていることの完了を目指します。問題の解決というよりは、問題を深く理解したり、なくしてしまうための手法です。

その元になっているプロセス指向心理学の考え方は、専門家以外にはやや難解な部分があります。ここでは、一般の方が理解できるよう少々意訳をして、大まかなやり方とポイントを紹介します。

Step 1 トピックを選ぶ

ワールドワークでは、個人のちょっとした悩みから社会の大きな紛争まで、どんな問題でも扱えます。それらはすべてつながっており、ミクロとマクロで起こっていることは相似形（**フラクタル**）をなしているからです。

この場で扱いたい問題（トピック）をみんなで出し合ったあと、ワークの入り口となるものを決めます。選ばれなかったものも、やっているうちに関連が生まれ、他の問題を考えるのにも役立ちます。

Step 2 ロールを通じて語る

はじめに、トピックを出した人に悩みや問題を語ってもらいます。ただし、その声は本人ではなく、その場での役割（**ロール**）から生まれていると考えます。なので、平社員が社長を演じるといったように、他人がそのロールになって語ることもできます。語らない人も、語る人の側に移動して聴けば、ロールの気持ちが味わえます。

そうやって、問題に関わっているいろんなロールを使って、全員で対話を進めていきます。ときには、この場に存在しないロール（例：亡くなってしまった創業者）になって語るのも興味深いです。

Step 3 プロセスを丁寧に扱う

そうすると、声と声がぶつかったり、意外な声が飛び出すようになります。今この場で起こっていることは、何かを終わらせるために、起こるべくして起こっています。何が起こっているかを丁寧に見ていきながら、起こっていることの正体を探っていきます。

ポイントは、その声が意識していること（1次プロセス）と無意識なこと（2次プロセス）の違いです。よくあるのは、言葉と動作の矛盾（**ダブルメッセージ**）です。そのシグナルに目を向けて、自覚を促していけば、重要なメッセージを発見するヒントが隠されています。そうやって、ファシリテーターの舵取りで、「本当は何を語りたいか？」をみんなで探究していきます。

Step 4 ホットスポットに留まる

プロセスワークでは、緊張や興奮などによって、場全体がひとつになる瞬間を**ホットスポット**と呼びます。よくあるのが、誰かの発言によって、場が一瞬で凍りつき緊張が高まる瞬間です。

人は誰しも、「これを言ってはお仕舞いだ」「これだけは口が裂けても言いたくな

図7-9　ホットスポット

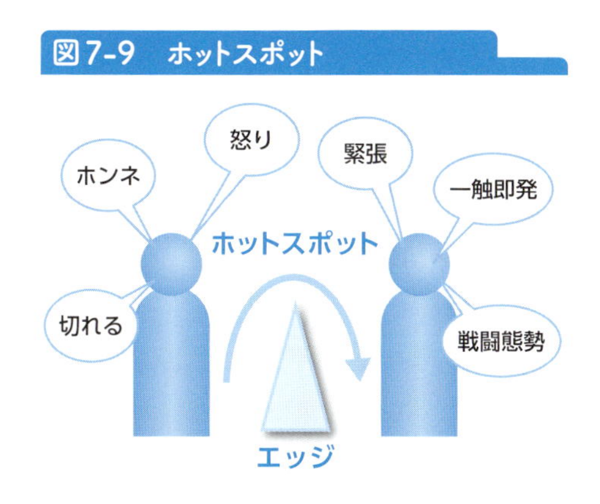

い」という**エッジ**があります。それが、売り言葉に買い言葉となっているうちにブレーキが効かなくなり、エッジを飛び越えてしまうわけです。事例7の最後の発言がまさにそうです。

これも、何かを終わらせようとして起こったことです。何が起こったのかを見ていけば、深い洞察が得られます。

Step 5 ワークを振り返る

おそらく、ワークの中で起こったことは、少なからず誰の心の中にもあるはずです。対立しているロール同士でも、相手の中に自分がおり、自分の中に相手がいるはずです。そんな気づきを振り返ってワークを終了します。必ずしも未完のことが完了させられなくても、問題や自分に対する見方が少しでも変われば、十分役に立つはずです。

□実践のポイント

ワールドワークは、慣れた人でも最低半日、できれば数日間かけてじっくりとやりたいところです。数人でも100人以上でもできますが、数十人程度が一番やりやすいサイズです。立ったり座ったり、自由に移動できて、全員がリラックスできる場が必要となります。

ワールドワークをやるにはプロセスワークに長けたファシリテーターが不可欠です。今、この場で起こっていることをつぶさに観察し、どこに着目すれば対話が深まっていくかを、瞬時に判断しないといけません。対話が深まらないときには、自らがロールとなって、発言の真意を表現したり、本来出るべき声を代弁する場合もあります。

なかでも重要なのはホットスポットの扱いです。予期せずに現れることが多く、性急にエッジを飛び越えると、言った人も言われた人も傷つく恐れがあります。そういう場合は、「そこは大切な話なので、もう一度ゆっくり説明してもらえませんか？」とスローダウンさせて機が熟するのを促します。

ホットスポットになったら、今がそうであり、そこに留まることを宣言するようにします。その上で、やはりペースダウンを図りながら、いま何が起こったのかをひも解いて、自覚を促すことから始めます。

ホットスポットで起ころうとしていることをちゃんと扱わずに誤魔化してしまうと、また同じようなことが起こります。何かが起こるべくして起ころうとしているのに、起きることを阻んでしまうからです。うやむやにせずに、安全な場で丁寧に扱い、未完のものを完了させていくことが重要となります。

逆に、未知の領域に入ることの恐れから、ホットスポットを前にして逃げたり、あいまいにしたりすることがあります。無理に飛び越えさせる必要はなく、繰り返しで起こることにも意味があります。その裏にあるものを見ていけば、問題に対する洞察が得られるはずです。

□これも知っておくと便利

ワールドワークをやっているうちによく露(あらわ)になるのが、ランクの力による**内面化された抑圧**の問題です。不当な抑圧を受けている、大切に扱われていない、無視や排除され続けてきた、といった気持ちが問題解決を難しくしていることがよくあります。

人は、年齢、性別、地位などによって心理的・社会的にランクづけられています。意識する／しないにかかわらず、厳然とした力の差があります。

ランクの高い人は、ランクの力が抑圧的に働いていることになかなか気づきません。普通に接しているつもりでも、相手を恐れさせて、抑圧していることが分かりません。

逆にランクが低い人は、無意識にランクの高い人に挑戦しようとしてしまいます。1人の人間として正当に扱われることを求めようとするのです。

決定打の対処法はないのですが、少なくともランクの力が働いていることに自覚的になることが大切です。

図7-10　ランク

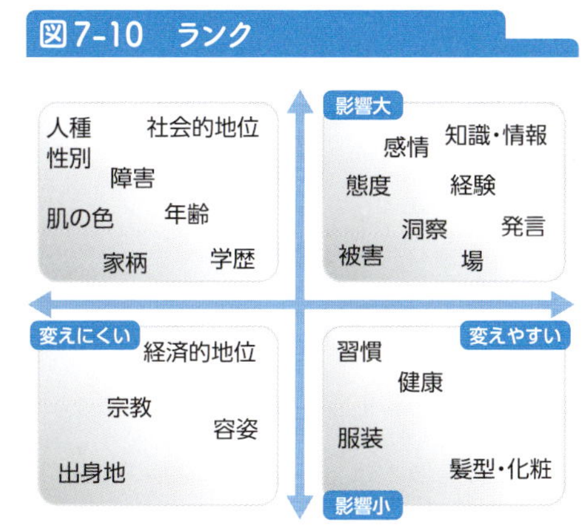

参考文献：A.ミンデル『紛争の心理学』（講談社現代新書）

No.37

U理論

……………出現する未来を創造する

過去の延長線ではない変革やイノベーションが
人・組織・社会で起こるときには、
一定の原理とプロセスがあります。
それを熟知してうまく活用すれば、
“出現する未来”をつかみ取ることができます。

□基本的な進め方

個人、組織、コミュニティ、社会が抱える大きな問題を解決し、新しい姿へと変革を成し遂げるときに役立つのが、O.シャーマーが提唱する**U理論**です。理論と名づけられているように、組織や社会に大きな変化が起こるときの原理とプロセスを高度に体系化したものです。

U理論では、本当に必要な変化が起こるときは、7つの段階を経るとされています。7つのステップを実践していくことで、人や組織のイノベーションを起こし、まったく新しい姿へと変容していけます。

Step 1 ダウンローディング

組織や社会が大きく変わろうとするときには、利害関係者間で必ず対立が起きます。頭の中に蓄積された考えを吐き出そうと（**ダウンローディング**）するからです。そうなると、過去に起こったパターンで論争が繰り返されるだけで、古い考えから一歩も出られなくなります。

Step 2 観る

そんなときに大切なのは、自分の判断を**保留**することです。相手の意見に耳を傾けてみれば、少しは異なる考えが理解できるようになります。自分の考えの外に少し出て、開かれた思考で問題を客観視できるようになります。

Step 3 **センシング**

さらに、相手の視点から問題を眺めるようにしてみましょう。自分の立場から相手を見るのではなく、相手の立場から自分を見るのです。そうすれば、相手の気持ちに共感（**センシング**）でき、自分が問題の一部を担っているという自覚が生まれるはずです。そのためには、皮肉や諦めから逃れ、開かれた心で相手の意見を受け入れることが大切です。

Step 4 **プレゼンシング**

「私たちのすべきことはこれだ」「我々は本来こうありたかったのだ」と、異なる考えの者同士が一体となる状態が**プレゼンシング**です。そのときに、新たに出現しようとする未来の源（**ソース**）につながったのです。古いこだわりを手放して未知のものに委ね、場から新たな力が生まれてくる瞬間です。事例7のホットスポットの後で生まれた沈黙の時間がまさにこれです。

Step 5 **結晶化する**

結晶化のステップでは、未来の最高の可能性からイキイキとしたイメージ

図7-11　U理論

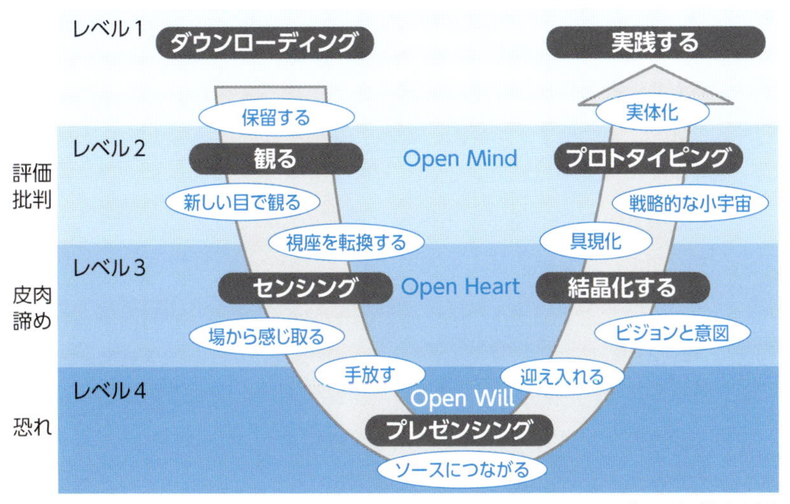

出所：O. シャーマー『U理論』(英治出版)

を浮上させ、自分たちの心の深いところからビジョンと意図を明らかにします。だからといって、無理にひねり出すのではなく、現れるものを迎え入れ、「こうせずにはいられない」という気持ちになるようにします。

Step 6 プロトタイピング

未来を探索する最初の一歩に踏み出します。それは、未来の小宇宙を埋め込んだ**プロトタイプ**（➡P071）で実験することから始めます。そうやって、ビジョンの具現化に向けて動き出していきます。

Step 7 実践する

そして最後に、新しい未来に向けて各自が日々の実践を通じて実体化していきます。これで過去や偏見にとらわれない、変革という名の新しい生態系システムができ上がることになります。

□実践のポイント

この７つのステップを踏み、レベル１からレベル４に降りて、またレベル１に戻ることを「Uの谷をくぐる」という言い方をします。残念ながら、その経験のない方には、U理論がどういうものなのかイメージがつかみにくいかもしれません。

そんな方は、大きな変革にまつわる物語を読み、それをU理論で解釈するとどうなるかを考えてみることをお勧めします。ドキュメンタリー番組、TVドラマ、ノンフィクション、小説、映画、漫画などを活用するのです。

U理論では、各ステップの具体的なやり方が明確に定められているわけではありません。そこで活用したいのが、本書で紹介しているさまざまな問題解決手法です。うまく使えば、みんなでUの谷をくぐる経験ができます。

たとえば、〈Step ３〉センシングでは**ジョハリの窓**（➡P170）を使うのが効果的です。互いの認知と行動がどのように結びついているかをひも解いてみれば、相手の中に問題があるのではなく、自分の中に問題があることに気づきます。同様に、**システムシンキング**（➡P144）で問題を分析し、メンタルモデルを見つけ出すことも大いに役に立ちます。

あるいは、〈Step ４〉プレゼンシングでは**ワールドワーク**（➡P196）がお勧めです。未完のまま繰り返しているパターンが完了できれば、ソースにつながった状態が現れます。そこまでいかなくても、その途中の対話の中でプレゼンシングの瞬間が味わえます。

このように、U理論を実践するには、ゆったりとした時間を取ってワークショップをやるのが一番です。それができなくても、「これって自分が問題ではないのだろうか？」と内省したり、「相手からあなたはどう見えていると思いますか？」と質問することによって、Uの谷を移動することは可能です。

□これも知っておくと便利

Uの谷を1人でくぐるためのとっておきの方法をひとつ紹介しておきましょう。吉本伊信（いしん）が創始者である**内観法**です。

内観法は、自分を見つめ、自分を知るための優れた手法です。本来は道場で1週間ほど集中してやるのですが、日常生活の中でも実践できます。

上司、家族、友人など、いま抱えている問題の障害となっている相手を1人選びます。まずは、その人から「してもらったこと」（世話になったこと）を思い出して紙などにリストアップします。

次に、「してあげたこと」（して返したこと）を同様に挙げていきます。そして最後に「迷惑をかけたこと」を思い出して書き出すのです。

じっくり時間をかけてやれば、レベル1の状態だったのが、レベル2～3に移り、相手が問題ではなく、自分が問題をつくり出していることに気づきます。

内観法は浄土真宗の修行法が元になっていると言われています。仏教をはじめ、東洋的なアプローチの中にも問題解決に活かせるものがたくさんあるのです。

図7-12 内観法

参考文献：中土井僚『U理論入門』（PHP研究所）
石井 光『一週間で自己変革、「内観法」の驚異』（講談社）

Column 7

みんな違って、みんないい?

「3人寄れば文殊の知恵」という諺があるように、たくさんの人が考えたほうが、1人よりも優れたアイデアが出せるといわれています。だからこそ、複雑な問題になればなるほど、大人数を巻き込んで議論をします。

ところが、たくさん集まれば、無条件に良い智恵が出るわけではありません。逆に、大勢で議論したためにとんでもない結論になった、という事例も枚挙にいとまがありません。

原因のひとつが「同調傾向」です。多くの人の考えや行動に合わせようという現象です。せっかく言いたいことがあったのに、集団のプレッシャーに負けて異論がはさめず、大勢に流されてしまった。こんな経験が誰にでもあると思います。

特に、日本人は「長いものに巻かれる」のが習い性になっており、場の空気を読んで、自ら空気に従おうとしてしまいます。そうしないと、個人攻撃を受け、場合によっては社会的な制裁を受けかねないからです。いじめはその典型です。

また、「集団思考」(グループシンク)と呼ばれている現象も知られています。同調圧力に加え、能力への過信、全員一致の幻想などによって、個人ではとてもやらないような浅はかな判断をしてしまうことです。これが働くと、せっかく優秀な人が集まっても台無しです。

しかも、リスクを好む人が多いグループでは、イケイケどんどんになってとんでもなくヤバい決定をしてしまいます。「リスキーシフト」と呼びます。

逆に、リスクを嫌う人が多いグループでは、極端に腰が引けた決定をする「コーシャスシフト」に陥る危険性があります。いずれにせよ、決定が両極に振れやすくなってしまう、「集団極化現象」が起きるわけです。

ここに述べた現象にはひとつ共通点があります。集団の凝集性、すなわちチームのまとまりがよいほど起こりやすいという点です。チーム一丸というのも、問題解決という点では、良いことずくめでもないのです。

個の自律性を尊重しながら、集団の凝集性を高める。そんな組織づくりが、文殊の知恵を生み出す秘訣なのかもしれません。

第8章

実践！
7つのアプローチ

問題解決を実践してみよう!

………… やり方が変われば、答えも変わる

▢どんなときにどの技法を使えばよいのか?

これほどたくさんあると、自分が抱える問題にどのアプローチを使えばよいか、分からなくなる人が少なくないと思います。最後におおよその目安をお話ししておきます。

「リーダーシップ白熱教室」(NHK)でお馴染みのR.ハイフェッツは、世の中の問題は大きく2つあると述べています。**技術的な問題**と**適応的な問題**です(R.ハイフェッツ他『最前線のリーダーシップ』)。

技術的な問題とは、解き方がおおよそ分かっていて、そのために必要な技術を身につければ解決できる問題です。

たとえば、業務効率をいかにアップさせるかや、製品をいかにコストダウンするかは、技術的な問題です。だからといって、簡単に解けるわけではありませんが、新たな技術(スキル)を身につけさえすれば解決できることが分かっています。平たく言えば、**やり方の問題**です。

一方の適応的な問題とは、今の思考様式のままで、技術だけを身につけても解決できない問題です。

典型的なのが、行き詰まった組織をどう変革していくか、という問題です。従来の延長線上では答えはなく、新しい考え方を身につけ、それに基づいて行動を修正しないと解決できません。平たく言えば、**考え方の問題**です。

そう考えていくと、ここまで述べてきた7つのアプローチは、前者に向くもの(①②③)と後者に向くもの(④⑤⑥)にハッキリ分かれます(⑦は両

方に効きます)。技術的な問題を適応的なアプローチで解決しようとすると効率が悪くなります。逆に、適応的な問題を技術的なアプローチを用いて解決しようとしてもうまくいきません。

まずは、現在抱えている問題がどちらのタイプなのかを見極め、その上で問題に相応しいアプローチを探すようにしましょう。

ひとつの問題でもいろんな解き方ができる

問題によっては、技術的にも適応的にも解くことができるものがあります。そうなってくると、どちらの問題と定義するか、どのアプローチを使うかで答えが変わってきます。それを簡単な事例を使って紹介します。

ひとつの問題に7つのアプローチを当てはめると、どのように進め方や解決策が変わってくるか。各アプローチの特性を理解して、自分に合ったものを選ぶ際のヒントにしてもらえれば有難いです。

7通りの答えは、それぞれに良し悪しがあり、どれが正解ということはありません。最終的には、問題解決の目的やチームの状況に応じて一番しっくりくるものを選ぶしかありません。それでうまくいかなければ、別のやり方に挑戦してみる。そうやって、やりながら考えるしか、私たちが抱える複雑な問題に対処する手はないのだと思います。

図8-1　7つのアプローチの使い分け

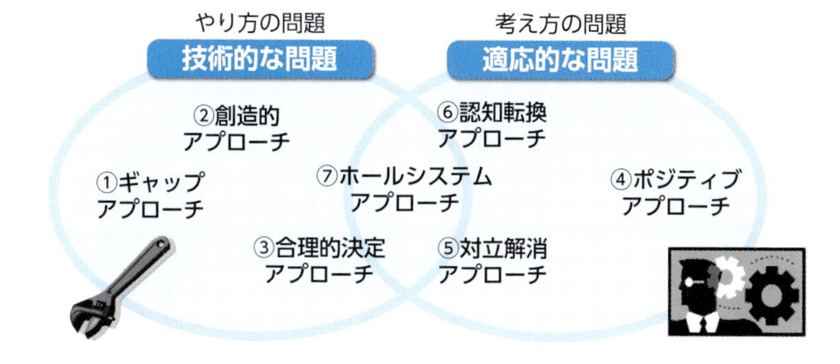

事例8

この話、どうアプローチすべきなの?

「いよいよ、月曜ミーティングもこれで最後の議題か…」。残り時間で、人事部から要請が来ている「残業25%削減」の具体策を検討しなければなりません。

H主任が勤める建設会社の設計部門では、平均して月に50時間の残業が当たり前になっており、中には100時間を超える猛者もいます。人員をギリギリまで絞り込む中、受注が上向きになっているせいとはいえ、決して望ましい状態ではありません。

過度の残業は、人件費のコストアップになるのはもちろん、働く人の健康や支える家族にとって大きな負担となります。ブラック企業との評判が立つと新規採用にも影響を及ぼしかねません。時短はH社にとって喫緊の問題となっています。

そこで、残業削減の要請が人事部からあり、具体的な方策を各部門で検討して報告することになっています。そのための話し合いが、ファシリテーターであるH主任の舵取りで始まろうとしています。

どのように議論を進めていけば、実効性が高い策を生み出せるのか。昨日、上司と少し打ち合わせをしました。

上司は、この話を「技術的な問題」と考えているようです。検討する時間が短いこともあり、「さっさと人事部が納得するようなアイデアを出して、早く実行せよ」と言います。

しかしながら、H主任は「適応的な問題」として考えたほうが、意味のある策が生まれるような気がしています。そもそも労働観や組織観、ひいてはライフスタイルそのものに対する考え方を改めないと抜本的な対策にならないのではないかと。

いずれにせよ、進め方を決めないと議論に入れません。皆さんがH主任の立場だったら、どのアプローチを使って問題解決を図りますか?

①「ギャップ・アプローチ」で根元を断つ

これだけ残業が多いのには、何か原因があるはずです。そこをしっかりと把握せずに解決に走るからうまくいかないのです。

そう考えて、**ロジックツリー**（➡P020）を使い、ムリ・ムダ・ムラの３つの要因に分けて、原因を洗い出すところから始めました。中でも、ムダが一番の問題ということが分かってきました。

さらに「なぜ？」を繰り返していくと、担当者間の連携が悪く、業務の重複や過去の資産の活用ができていないことが浮かび上がってきました。そのせいで、過去や他人の経験が活かされず、ミスや手戻りが頻発しているのです。

加えて、顧客の要求仕様とのすり合わせが、仕事のボトルネックとなっていることが**プロセスマッピング**（➡P028）から見えてきました。要は、ノウハウの共有化ができていないことが業務多忙の根本原因だったのです。

それが分かれば話は早いです。前任者のノウハウを引き継ぐ仕組みをつくる、ベテランや達人の成功事例を手本にする、粗い段階で仕様の確認をするなど、いろいろ解決策が考えられます。各々の効果を足し算していくと、おおよそ月に10時間程度の工数削減になり、ほぼ目標に届くことが分かりました。これで問題は解決できるはずです。

②「創造的アプローチ」でユニークな解決を目指す

正直いって、この話は過去に何度も議論されています。いろいろ手を打つのですが、すぐに元の木阿弥になってしまいます。すぐに思いつく案は既にあらかた試したので、何か新しい発想が欲しいところ。そのためには、単に思いつきを挙げるだけでは心もとなく、**類比発想**（➡P062）を使って考えてみることにしました。

アナロジーとして持ち出したのがメタボです。世の中に出回っているメタボ対策の方法を調べ上げ、それをヒントにアイデアを発散させてみました。間食を止める→おしゃべり禁止、胃を取る→パソコンの電源を落とすといった具合に。馬鹿っぽいものも奨励することにして、発想を広げていきます。

ある国では、メタボ解消に成功した人は地下鉄が無料になるそうです。それを元に、残業を目標通りに減らした人に、賞品や得点を与える「時短マラソン」をやったらどうか、というアイデアが生まれてきました。

これを軸に**ブレスト**（→P050）でアイデアを広げ、年に一度の課内旅行への家族招待という賞品をかけて時短マラソンをやることに決定しました。本人も家族も喜ぶ、まさに一石二鳥のユニークな解決策となりました。

③「合理的決定アプローチ」でベストな答えを探す

この話、過去にもやったような気がします。原因を分析したり、アイデアを膨らませたり。ところが、毎回最後は時間切れになり、場の雰囲気で解決策を決めてしまいます。あるいは、面白そうなアイデアが出た段階で、「それで行こう！」と課長の鶴の一声で決定してしまいます。そのせいで、「もっとよく考えればよかった」と後悔するのがいつものパターンです。

その轍を踏まないよう、最初にどういう基準で解決アイデアを選ぶかを議論することにしました。効果、投入工数、持続性、やる気、波及効果などいろんな基準が出てきました。その中で7つまで絞り込み、優先順位をつけて、重みとして数値に置き直しておきました。「総合点でもっとも高いアイデアを選ぶ」という判定方法も、みんなで合意しておきました。

その上で、思いつくアイデアを1人最低10個ずつ付箋に書いて挙げていきます。全部で100近いアイデアが集まり、いったんは**NUFテスト**（→P086）で10個まで絞り込みました。それを、**意思決定マトリクス**（→P088）を使って、1つひとつ入念に評価して総合点をつけていったのです。

そうすると、仕事に計画的に取り組む、常に仕事に優先順位をつけるという2つが同点首位となりました。当たり前と言えば当たり前ですが、やはりこれがもっとも合理的な解決策なのです。

④「ポジティブ・アプローチ」でやる気を高める

人員が増えない以上、残業を減らす方法は、仕事を減らすか、業務の効率を上げるかしかありません。「やるべきこと」は百も承知なのにできていないのは、「やりたいこと」「できること」をやっていないからです。こういうときこそ**ソリューション・フォーカス**（➡P102）の出番です。

まずは、残業が減ったらどんなバラ色の生活が待っているのか、自分や周囲にどんな恩恵があるのかを話し合い、目標達成へのモチベーションを高めていきました。さらに、偶然でもラッキーでもよいので、過去にうまくいった事例を探していきました。以前にやった「立って会議をする」「朝７時に出社」などは、そのままでも使えそうです。

過去の事例を踏まえて、残業を１％でもよいので削減するアイデアを、実現性や効果を考えず“無責任”に出していきました。その中で、みんなのモチベーションに照らし合わせて、「明日からやってみたいこと」「すぐにできること」を10個選び出しました。

多かったのは「つきあい残業」を減らすための方策でした。課長が早く帰る、個人別のノー残業デーをつくる、といったものです。削減目標に届くかどうかは定かではありませんが、確実にアクションに結びつくことは間違いないでしょう。

⑤「対立解消アプローチ」でジレンマから抜け出す

以前、残業を減らすために、夜７時で強制的に全員帰宅させたことがあります。ところが、残った仕事を家で片づけたり、休日に出てくるハメになり、かえって労働時間が増えてしまいました。時短をすることと、仕事の納期や品質を確保することにジレンマがあるのです。

そう考えて、**制約理論**（➡P136）を使ってジレンマを分析することにしました。スピーディに仕事をすることは、当人のみならず顧客や他部署にとっても本来望ましいことです。それは仕事の品質を向上させることと同じであり、目的は一致しているわけです。

にもかかわらず、ジレンマが解消できないのは、「○○でなければならない」という思い込みがどこかにあるからです。そう仮定して、目的と手段の因果関係を調べていくと、「時間をかけることはよいことだ」という固定観念がジレンマをつくり出していることが分かりました。

そこで、7割できた段階で上司の確認をとる、資料の見栄えに凝るのをやめる、会議資料を減らす、といったアイデアを考え出しました。上手に手抜きをする方法を考え、本来やるべきことに集中しようという作戦です。

⑥「認知転換アプローチ」で悩みを解消する

残業の実績をよく見ると、とても多い人と少ない人にハッキリ分かれます。しかも、多い人は過去から常に多く、少ない人は一貫して少なくなっています。これはどう見ても、個人の技量や姿勢の問題です。

そう考えて、一番残業の多い人をモデルにして、課内で何が起こっているかを探ることにしました。手法として選んだのが**質問会議**（➡P162）です。

全員が輪になって、その人に事実や気持ちを尋ねる質問をしていくと、さまざまな問題が浮かび上がってきました。要領が悪い、こだわりが強い、仕事だけが生きがい、といったものが早く帰れない理由になっているようです。いずれも、少なからずみんなの心の中にある問題です。

そんな中、「仕事を人に任せられず、抱え込んでしまう」というのが、全員が同意できる本当の問題でした。「任せるとうまくいかない」「自分の価値が危うくなる」と思い込んでいるのです。これこそ不合理な信念です。

「うまくいかなくても死にはしない」「少し価値が減っても大差ない」と合理的に考えると解決策が見えてきます。（上司の責任で）思い切って任せてみる、マニュアルをつくる、定期的に仕事を移管する、といった方策なら、すぐにやれそうです。案外やってみたら大きな齟齬（そご）が出ないことが分かるはず。四の五の言わず、試しに一度やってみることになりました。

⑦「ホールシステム・アプローチ」で一枚岩になる!

人によって残業時間の多い少ないはあるものの、チームで仕事をしている以上、時短は組織の問題です。個人の仕事のやり方の変革は必要ですが、さらに組織全体での取り組みが求められます。そう考えて、安易に解決策を“議論”するのではなく、休日に研修を兼ねてじっくりと時間を取ってホンネで“対話”することにしました。

午前中は２人ペアになって最高のチーム体験を話し合い、互いの強みを分かち合いました。その後で「スキップして職場から帰るために大切なことは何でしょうか？」というテーマ（問い）で**ワールドカフェ**（➡P184）をやりました。その結果、いくつかの共通項が見つかり、職場の**コモングラウンド**（➡P194）としました。

午後からは、午前中に見えてきた、チームの関係性の問題を議論します。互いがうまく協力できておらず、孤軍奮闘になっていることが、長時間労働の温床になっているというのです。

それを打破するために、１人ひとりが時短への取り組み項目を挙げ、それに対して他のメンバーから貢献できることを挙げていきました。たとえば、主任が早く帰るために、課長がレポートのチェックを５時までに終わらせる、といったように。これを一覧表にまとめてアクションプランとしました。

こうすることで、時短が１人ひとりの取り組みであると同時に、組織全体の取り組みとなります。残業を減らす活動を通じて、チーム力を高めることにもつながります。

おわりに

論理思考でお馴染みのロジックツリーから、大きな社会変革に応用できるU理論まで。経営学、社会学、心理学、教育学、哲学といった垣根を越え、あらゆる分野の問題解決技法を取り揃えてみました。いわば、人類の英知がこの1冊に詰まっていると自負しています。

▢問題解決の総合カタログを目指して

本書は、拙著『ビジネス・フレームワーク』『アイデア発想フレームワーク』のステップアップ編に位置づけられるものです。これらの著書では、主にビジネスの問題解決に役立つツールを網羅的に紹介し、多くの方から反響と支持を得ました。

同時に、「どんな時にどのツールを使うのがベストなのか？」「これらのツールをどう組み合わせればよいのか？」という声もたくさん頂きました。

とりあえずは、「経験則です」「場数を踏んでください」と答えることにしていましたが、ご指摘はよく分かります。いま注目しているやり方が最適かどうかは、問題解決の世界の全体像を把握してみないと分からないからです。

にもかかわらず、個々の技法の解説書のどこにも全体像の説明がありません。いかにその手法が優れているかが書いてあるだけです。目的や状況に応じて最適な方法は変わるはずなのに。

だったら、世の中の技法をかき集め、分かりやすく整理してみよう。そうすることで、何か新しいものが見えてくるのではないか。それが本書『問題解決フレームワーク大全』の発想の原点です。今はなきスティーブ・ジョブズが愛した雑誌『ホール・アース・カタログ』（全地球カタログ）の“問題解決版”をつくろうと思ったのです。

古い酒を新しい革袋に盛ってみよう！

案の定、整理することでこの分野の将来の流れが見えてきました。１つ目は、「技術的な問題」から「適応的な問題」への関心のシフトです。

前者向けの「ロジカルに考えてもっとも効率よく結果を出す」という技法は、ここしばらく目新しいものが出ていません。必要性がなくなったのではなく、新たに開発する必要がないのだと思います。

今後出てくるとしたら、間違いなく後者に対するもの。それを生むヒントになるものが、宗教的、東洋的、霊的（スピリチュアル）な考え方にあるのではないかと睨んでいます。

２つ目に、単独の手法で解決を図るのではなく、それらをうまく組み合わせて活用するのが今後のトレンドになることです。

典型的なのが、デザイン思考、ホールシステム・アプローチ、フューチャーセンターなどの取り組みです。セラピーの世界でも、東洋的な禅と西洋的な心理療法を組み合わせたマインドフルネス認知行動療法が注目を浴びています。今後出てくるものも、組み合わせの妙をうまく活かしたものではないかと想像します。

そして３つ目に、根本原理においては驚くほどの進歩はなく、それをどうクールに見せるかがポイントであることです。新しい酒ではなく、古い酒を新しい革袋に盛っているわけです。

たとえば、「原因ではなく目的を考えよ」というのは、アリストテレスが言いだしっぺです。「メンタルモデルが元凶だ」というのはお釈迦様が悟ったことです。いずれも、今から2500年ほど前の話であり、装いだけを変えながら、ありがたい教えを大切に使い続けているわけです。

逆に言えば、古い哲学や宗教の中に、現代の問題解決のヒントがまだまだ隠されているはず（そもそも宗教は“生老病死”といった解けない問題を解くための便法です！）。まさに“温故知新”です。

そう考えていくと、問題に悩んでいるときに『論語』『孫子』といった古典を読むというのは、とても合理的な方法なのかもしれません。問題解決のツールやフレームワークに溺れることなく、原理をしっかりと身につけること。それこそが、山のような問題に振り回されている私たちに求められていることだと思います。

□お世話になった方々へ

この本は多くの方のご協力の賜物であり、本書を締めくくるにあたり、一言御礼の言葉を申し上げておきたいと思います。

問題解決に関しては、数多くの文献に当たり、先人の知恵をたくさん拝借しました。1人ひとりお名前を挙げられませんが、この場を借りて、厚く御礼申し上げます。

日本ファシリテーション協会の定例会や筆者が主催するワークショップの場でも問題解決に関する数多くのヒントを拾わせてもらいました。ご参加くださった皆さんにお礼を申し上げたいと存じます。

編集の労を取って下さった日本経済新聞出版社の堀江憲一氏にも心より感謝します。本書が読みやすく役に立つものになったとしたら、編集の凄技が光っているのだと思い、その力量に感服いたします。

そして最後に、いつも執筆を陰で支えてくれる愛妻と子どもたちに深く感謝します。どうもありがとう！

索　引

数字

3現主義……160
3つの原則(ソリューション・フォーカス)…104
3つの原理（アイデア）……48
4Dサイクル……122
4つの原理（OST）……190
4つの部屋……195
4つのルール（ブレスト）……50
5-Whys……18
6つの帽子……61
7原則（ブレークスルー思考）……68
7つのアプローチ（問題解決）……5
8つの原理（AI）……124

英字

AAR……36
ABC理論……174
ADR……132
AHP……90
AI……122
GROWモデル……106
Howツリー……21
KFS……41
KJ法……24
KPT……39, 105
MECE……22
NM法……62
NUFテスト……86, 88, 210
OST……188, 194
PD……118
PDCAサイクル……41
PMI法……83
TOC……30, 136
U理論……200
Whyツリー……21
Win-Winアプローチ……134

あ

アイデアテーブル……59
アイデア展開……54
アクションラーニング……162
アズイフ……173
後知恵バイアス……44
アドラー心理学……114
アナロジー……62
アプリシエイティブ・インクワイアリー…122
アプリシエイティブ・リーダーシップ…125
アンチプロブレム……53
意思決定マトリクス……88, 210
意思決定モデル……77
イシュー……158
一貫性の原理……126
イノベーター理論……118
意味のリフレーミング……177
因果関係分析……32
因果ループ図……144
インサイト……70
インパクト……87
ウィン・ウィンアプローチ……134
裏の目標……149

影響相対化質問法……168
エスノグラフィー……70
エッジ……198
演繹的……23
オープンスペース・テクノロジー……188

か

外在化……167
改善目標……148
隠された窓……170
学習する組織……144
確証バイアス……161
拡大ループ……145
仮説思考……158
過度の一般化……178
カフェ・エチケット……184
下方比較……178
カラーバス……74
考え方の問題……206
技術的な問題……150, 206
気づかない窓……171
帰納的……23
希望点列挙法……57
客観的な事実……37
ギャップ・アプローチ
15, 17, 57, 99, 103, 112, 124, 156, 165
ギャラリーウォーク……187
強化……111
凝集性……204
強制類推法……61
協調的交渉術……132, 138
共同体感覚……117
協力行動……152
偶然性バイアス……44
腐ったリンゴ効果……152
クラウド……136
クリエイティブ・シンキング……48
契機……141
欠点列挙法……57
結合発想……58
原因帰属バイアス……44
原型……145
嫌子……112
現状改善型……68
現状問題分析ツリー……139
限定合理性……79
コアコンピタンス……43
交換による解決……134
好子……111
構造……147
構造シフト発想法……60
構造的アプローチ……152
行動随伴性……111
行動分析学……110, 114
行動分析学アプローチ……109, 110
合理的決定アプローチ
……19, 75, 77, 103, 135, 165
コーシャスシフト……204
コーチング……106
ゴードン法……64
コーピング・クエスチョン……103
ゴールデンカット……56
ゴーレム効果……126
固定観念……150
コモングラウンド……194, 213
コンテクストマップ……193
コンテンツ……38
コンフリクト・マネジメント……132

さ

最適化原理……78, 131
サンクコスト……96
シェイピング……113
刺激ワード法……61

志向性 141
自己開示 39, 171
自己成就予言 126
自己選択 126
自己破壊予言 126
システムシンキング 35, 144, 202
質問会議 162, 169, 212
シナリオグラフ 58
シナリオプランニング 94
シネクティクス 62
社会構成主義 166
社会的証明 119
社会的ジレンマ 152
社会的手抜き 52
社会的複雑性 182
社会的抑制 52
弱化 111
集合的対話 182
囚人のジレンマ 152
収束 49
集団圧力 52
集団極化現象 204
集団思考 204
重要度・緊急度マトリクス 87
自由連想 50
主体性の尊重 114
主体的移動の法則 190
状況のリフレーミング 177
焦点法 61
上方比較 178
ジョハリの窓 170, 202
ジレンマ 129, 152
シングルループ学習 165
信念 140
信念対立解明アプローチ 140, 151
心理的アプローチ 152
心理的な事実 37
親和図法 23, 24, 187
スキット 193
スケーリング 103, 106
ストーリー 70
ストーリーテリング 72, 193
ストーリーボード 73, 193
スマートテスト 151
スモールコスモス 183
スループット 29
省察 36
生産性の低下 52
生成的な問い 186
生成的複雑性 182
制約理論 30, 136, 211
積極的傾聴 135
セブンクロス 27
センシング 201
全体論 114
相関関係 32
創造思考 48
創造的アプローチ
19, 45, 47, 84, 121, 131, 139, 147
創造による解決 134
相対化 178
ソース 201
阻害行動 148
属性列挙法 54
ソリューション・フォーカス 102, 211

た

ダイアログ 184
体験学習 36, 165
対人関係論 117
代表性バイアス 44
タイムライン 31, 192
対立解消アプローチ
23, 117, 127, 129, 183

対立解消図……136
ダウンローディング……200
ダブルメッセージ……197
ダブルループ学習……165
チーム・ビルディング……72
チェックイン……184
チェックリスト……53, 61
智恵の車座……169
超志向性……142
調停……132
ディシジョンツリー……92
適応的な問題……150, 206
デザイン思考……70, 187, 195
同調傾向……204
特異点……74
特性要因図……23, 26
ドット投票……86
トレードオフ……87

な

内観法……203
内省……39
内省型リーダーシップ……174
内面化された抑圧……199
ナラティヴ……166
ナラティヴ・アプローチ……166
ナラティヴ・メディエーション……166
二項対立……80, 136
認知……156
認知行動療法……174
認知転換アプローチ
117, 121, 131, 139, 142, 153, 155, 183
認知論……116

は

ハーバード流交渉術……135
バイアス……44, 78
ハイポイント・インタビュー……122
ハイ・ロー・マトリクス……84, 88
パターン……147
バタフライ……189
発散……49
バリューグラフ……69, 134
バンブルビー……189
非協力行動……152
ピクチャーカード……65
ピグマリオン効果……126
ヒューリスティック……78
開かれた窓……170
ファシリテーター……52
不安感情……149
フィードバック……39, 171
フィッシュボウル……173
フォースフィールド分析……151
不確実性……87
物理的複雑性……182
負のサイクル……144
フューチャーサーチ……192
フューチャーセッション……195
フューチャーセンター……195
プラウド&ソーリー……193
フラクタル……196
フリーライダー……52
振り返り……36, 105
ブルーオーシャン……43
ブレークスルー思考……66
フレームワーク……22, 26, 56, 80, 161
ブレーンストーミング/ブレスト
……50, 71, 133, 146, 210
ブレーンライティング……53
プレゼンシング……201
プロコン……80
プロスペクト理論……96
プロセス……38

プロセスマッピング 28, 209
プロセスワーク 196
プロトタイプ 71, 193, 202
文化的な規範 168
ペイオフマトリクス 84
平均回帰 34
平衡ループ 145
ベストプラクティス 40
変化と兆し 74
ベンチマーキング 40, 120
返報性 126
ホールシステム・アプローチ 117, 122, 139, 179, 181
ポジティブ・アプローチ 97, 99, 183
ポジティブ・コア 122
ポジティブ心理学 100
ポジティブ・デビアンス 118
ホットスポット 197
ボトルネック 28, 137
保留 200

ま

マイセオリー 38
マインドマップ 52, 187, 193
マトリクス法 60
満足化原理 78, 131
満足度マトリクス 39
見える化 28, 144
未知の窓 171
未来創造型 69
未来問題構造ツリー 139
ミラクル・クエスチョン 103
メタフレーミング 177
免疫マップ 148
メンタルモデル 146, 157
目的論 114
モノ語り 65

や

やり方の問題 206
勇気づけ 115
ユニークな結果 168

ら

ラベリング理論 178
ランク 172, 199
リーダーズ・インテグレーション 172
リスキーシフト 204
リフレーミング 82, 177
リフレクション 36
リフレクション・イン・アクション 164
リフレクティング・プロセス 173
利用可能性バイアス 44
類推力 61
類比発想 43, 62, 209
レーダーチャート 91
レジリエンス 109
レバレッジ 29
連関図 35
ロール 197
ロジカル・シンキング 47
ロジックツリー 20, 26, 144, 209
論理思考 47

わ

ワークショップ 143
ワークデザイン法 66
ワールドカフェ 184, 191, 194, 213
ワールドワーク 196, 202

■著者紹介

堀 公俊（ほり・きみとし）

1960年、神戸生まれ。大阪大学大学院工学研究科修了。大手精密機器メーカーにて商品開発や経営企画に従事。95年より組織改革、企業合併、教育研修、コミュニティ、NPOなど多彩な分野でファシリテーション活動を展開。2003年に有志とともに日本ファシリテーション協会を設立し、初代会長に就任。研究会や講演活動を通じてファシリテーションの普及・啓発に努めている。

現在：堀公俊事務所代表、組織コンサルタント、日本ファシリテーション協会フェロー

著書：『ファシリテーション入門』『ビジュアル ビジネス・フレームワーク』（ともに日経文庫）、『問題解決ファシリテーター』（東洋経済新報社）、『チーム・ファシリテーション』（朝日新聞出版）など多数。

連絡先：fzw02642@nifty.ne.jp

問題解決フレームワーク大全

2015年8月3日　1版1刷

著　者	堀　公俊
	©Kimitoshi Hori, 2015
発行者	斎藤修一
発行所	日本経済新聞出版社
	〒100-8066　東京都千代田区大手町1-3-7
	［URL］http://www.nikkeibook.com/
電　話	(03) 3270-0251（代）
印刷・製本	三松堂

ISBN978-4-532-32020-1